文革史料叢刊第六輯

第四冊

李正中　輯編

只有不漠視、不迴避這段歷史，中國才有希望，中華民族才有希望！忘記歷史意味著背叛！

——摘自「文革史料叢刊·前言」

蘭臺出版社

巴金先生說在文革

受盡火與血磨煉

的人是不會沉默的

八十又五叟 李立本

著名中國古瓷與歷史學家、教育家。
李正中　簡介

祖籍山東省諸城市，民國十九年（1930）出生於吉林省長春市。
北平中國大學史學系肄業，畢業於華北大學（今中國人民大學）。
歷任：天津教師進修學院教務處長兼歷史系主任（今天津師範大學）。
　　　天津大學冶金分校教務處長兼圖書館長、教授。
　　　天津社會科學院中國文化研究中心主任、研究員。
現任：天津文史研究館館員。
　　　天津市漢語言文學培訓測試中心專家學術委員會主任。
　　　香港世界華文文學家協會首席顧問。
　　　（天津理工大學經濟與文化研究所供稿）
為加強海內外學術交流，應邀赴日本、韓國、香港、臺灣進行講學，
其作品入圍德國法蘭克福國際書展和美國ABA國際書展。

提要

　　無產階級文化大革命時間長達十年之久，被人們稱為「十年動亂」、「十年浩劫」，在歷史的長河中，它的重要性終究不會被抹滅。李正中是一位文革受難者，也是歷史研究者，他認為保留史料以供後人研究是十分重要的事，於是花費數十年的歲月，有計畫地整理蒐集。

　　本書由李正中輯編，其所蒐集的文革史料，部分來自於天津拍賣市場、古舊物市場等地購買；部分是學生贈送。這些第一手直接史資料的內容，包羅萬象，有手寫稿、油印品，鉛印文字、照片、繪畫，傳單、小報等等文革遺物，甚至造反隊的隊旗、臂標也在內。

　　《文革史料叢刊》第六輯共五冊，收錄文革時期的舞臺藝術劇本及政治性質歌曲集。

　　本書為第六輯第四冊，總共309頁，由下列五本書籍合併編排印刷：

1. 革命歌曲選4

   文革時期紅色歌曲。人民文學出版社出版，1972年11月第一版，全書65頁。

2. 工農兵歌曲3

   文革時期紅色歌曲。《工農民歌曲》編輯小組編，上海人民出版社出版，1973年9月初版，全書39頁。

3. 革命歌曲選3

   文革時期紅色歌曲。人民文學出版社出版，1973年9月北京第一版，全書65頁。

4. 革命歌曲選6

   文革時期紅色歌曲。人民文學出版社出版，1978年12月北京第一版，全書59頁。

5. 我們都是小闖將-批林批孔兒歌專輯

   文革時期紅色歌曲，有詞無曲譜。人民文學出版社出版，1974年6月北京第一版，全書80頁。

文革五十周年祭

百萬紅衛兵打砸搶燒殺橫掃五千年中華文史精華　可惜

中國知識分子慘遭蹂躪委曲求全寧死不屈有氣節　可敬

國家主席劉少奇無法可護窩窩囊囊死無葬身之地　可歎

內鬥中毛澤東技高一籌讓親密戰友林彪墜地身亡　可悲

2016年李正中於5.16敬祭

前言：忘記歷史意味著背叛

文學巨匠巴金說：

應該把那一切醜惡的、陰暗的、殘酷的、可怕的、血淋淋的東西集中起來，展覽出來，毫不掩飾，讓大家看得清清楚楚，牢牢記住。不能允許再發生那樣的事。不再把我們當牛，首先我們要相信自己不是牛，是人，是一個能夠用自己腦子思考的人！

那些魔法都是從文字遊戲開始的。我們好好地想一想、看一看，那些變化，那些過程，那些謊言，那些騙局，那些血淋淋的慘劇，那些傷心斷腸的悲劇，那些勾心鬥角的醜劇，那些殘酷無情的鬥爭……為了那一切的文字遊戲！……為了那可怕的十年，我們也應該對中華民族子孫後代有一個交代。

要大家牢記那十年中間自己的和別人的一言一行，並不是讓人忘記過去的恩仇。這只是提醒我們要記住自己的責任，對那個給幾代人帶來大災難的「文革」應該負的責任，無論是受害者，或者害人者，無論是上一輩或是下一代，不管有沒有為「文革」舉過手點過頭，無論是造反派、走資派，或者逍遙派，無論是鳳或者是牛馬，讓大家都到這裡來照照鏡子，看看自己為「文革」做過什麼，或者為反對「文革」做過什麼。不這樣，我們怎麼償還對子孫後代欠下的那一筆債，那筆非還不可的債啊！

（摘自巴金《隨想錄》第五冊《無題集‧紀念》）

我高舉雙手讚賞、支持前輩巴老的呼籲。這不是一個人的呼籲，而是一個民族對其歷史的反思。一個忘記自己悲慘歷史和命運的民族，就是一個沒有靈魂的民族，沒有希望的民族，沒有前途的民族。中華民族要真正重新崛起於世界之林，實現中華夢，首先必須根除這種漠視和回避自己民族災難的病根，因為那不意味著它的強大，而恰恰意味著軟弱和自欺。這就是我不計後果，一定要搜集、編輯和出版這部書的原因。我想，待巴老呼籲的「文革紀念館」真正建立起來的那一天，我們才可以無愧地向全世界宣告：中華民族真正走上了復興之路……。

當本書即將付梓時刻，使我想到蘭臺出版社出版該書的風險，使我內心感動、感激和感謝！同時也向高雅婷責任編輯對殘缺不全的文革報紙給以精心整理、校對，付出辛勤的勞累致以衷心得感謝！

感謝忘年交、學友南開大學博導張培鋒教授為拙書寫「序言」，這是一篇學者的呼喚、是正義的伸張，作為一個早以欲哭無淚的老者，為之動容，不覺潸然淚下：「一夜思量千年事，人生知己有一人」足矣！

李正中於古月齋

2014年6月1日文革48周年紀念

序言：中國歷史界的大幸，也是國家、民族之大幸

張培鋒

　　李正中先生積三十年之功，編集整理的《文革史料叢刊》即將出版，囑我為序。我生於1963年，在文革後期（1971-1976），我還在讀小學，那時，對世事懵懵懂懂，對於「文革」並不瞭解多少，因此我也並非為此書寫序的合適人選。但李先生堅持讓我寫序，我就從與先生交往以及對他的瞭解談起吧。

　　看到李先生所作「前言」中引述巴金老人的那段話，我頓時回想起當年我們一起購買巴老那套《隨想錄》時的情景。1985年我大學畢業後，分配到天津大學冶金分校文史教研室擔任教學工作，李正中先生當時是教務處長兼教研室主任，我在他的直接領導下工作。記得是工作後的第三年即1987年，天津舉辦過一次大型的圖書展銷會（當時這樣的展銷會很少），李正中先生帶領我們教研室的全體老師前往購書。在書展上，李正中先生一眼看到剛剛出版的《隨想錄》一書，他立刻買了一套，並向我們鄭重推薦：「好好讀一讀巴老這套書，這是對「文革」的控訴和懺悔。」我於是便也買了一套，並認真讀了其中大部分文章。說實話，巴老這套書確實是我對「文革」認識的一次啟蒙，這才對自己剛剛度過的那一個時代有了比較深切的瞭解，所以這件事我一直記憶猶新。我記得在那之後，李正中先生在教研室的活動中，不斷提到他特別讚賞巴金老人提出的建立「文革紀念館」的倡議，並說，如果這個紀念館真的能夠建立，他願意捐出一批文物。他說：「如果不徹底否定「文革」，中國就沒有希望！」我這才知道，從那時起，他就留意收集有關「文革」的文獻。算起來，到現在又三十年過去了，李先生對於「文革」那段歷史「鍾情」不改，現在終於將其衷輯付梓，我想，這是中國歷史界的大幸，也是國家、民族之大幸！

　　前兩年，我有幸讀到李正中先生的回憶錄，對他在「文革」中的遭遇有了更為真切的瞭解。「文革」不僅僅是中國知識分子的受難史，更是整個民族、人民的災難史。正如李先生在「前言」中所說，忘記這段歷史就意味著背叛。李先生是歷史學家，他的話絕非僅僅出於個人感受，而是站在歷史的高度，表現出一個中國知識分子的真正良心。

　　就我個人而言，雖然「文革」對我這一代人的波及遠遠不及李先生那一代人，但自從我對「文革」有了新的認識後，對那段歷史也有所反思。結合我個人現在從事的中國傳統文化教學與研究來看，我覺得「文革」最大的災難在於：它對中華優秀傳統文化做出了一次「史無前例」的摧毀（當時稱之為「破四舊，立新風」，當時究竟是如何做的，我想李先生這套書中一定有非常真實的史料證明），從根本上造成人心

的扭曲和敗壞，並由此敗壞了全社會的道德和風氣。「文革」中那層出不窮的事例，無不是對善良人性的摧殘，對人性中那些最邪惡部分的激發。而歷史與現在、與未來是緊緊聯繫在一起的，當代中國社會種種社會問題、人心的問題，其實都可以從「文革」那裡找到根源。比如中國大陸出現的大量的假冒偽劣、坑蒙拐騙、貪汙腐化等現象，很多人責怪說這是市場經濟造成的，但我認為，其根源並不在當下，而可以追溯到四十年前的那場「革命」。而時下一些所謂「左派」們，或別有用心，或昧了良心，仍然在用「文革」那套思維方式，不斷地掩飾和粉飾那個時代，甚至將其稱為中國歷史上最文明、最理想的時代。我現在在高校教學中接觸到的那些八十年代、九十年代後出生的年輕人，他們對於「文革」或者絲毫不瞭解，或者瞭解的是一些經過掩飾和粉飾的假歷史，因而他們對於那個時代的總體認識是模糊甚至是錯誤的。我想，這正是從巴金老人到李正中先生，不斷呼籲不要忘記「文革」那段歷史的深刻含義所在。不要忘記「文革」，既是對歷史負責，更是對未來負責啊！

記得我在上小學的時候，整天不上課，拿著毛筆——我現在感到奇怪，其實就連毛筆不也是我們老祖宗的發明創造嗎？「文革」怎麼就沒把它「革」掉呢？——寫「大字報」，批判「孔老二」，其實不過是從報紙上照抄一些段落而已，我的《論語》啟蒙竟然是在那樣一種可笑的背景下完成的。但是，僅僅過去三十多年，孔子仍然是我們全民族共尊的至聖先師，「文革」中那些「風流人物」們今朝又何在呢？所以我認為，歷史是最公正、最無情的，是不容歪曲，也無法掩飾的，試圖對歷史進行歪曲和掩飾其實是最愚蠢的事。李正中先生將這些「文革」時期的真實史料拿出來，讓那些並沒有經歷過那個時代的人們真正認識和體會一下那場「革命」的真實過程，看一看那所謂「革命」、「理想」造成了怎樣嚴重的後果，這就是最好的歷史、最真實的歷史，這也就是巴老所說的「文革紀念館」的一個重要組成部分啊！我非常讚成李正中先生在「前言」中所說的，只有不漠視、不回避這段歷史，中國才有希望，中華民族才有希望！

是為序。

中華民族最黑暗的年代「文革」48周年紀念於天津聆鍾室
〔注〕張培鋒：現任南開大學文學院教授博士班導師

前言：忘記歷史意味著背叛　李正中

序言：中國歷史界的大幸，也是國家、民族之大幸　張培鋒

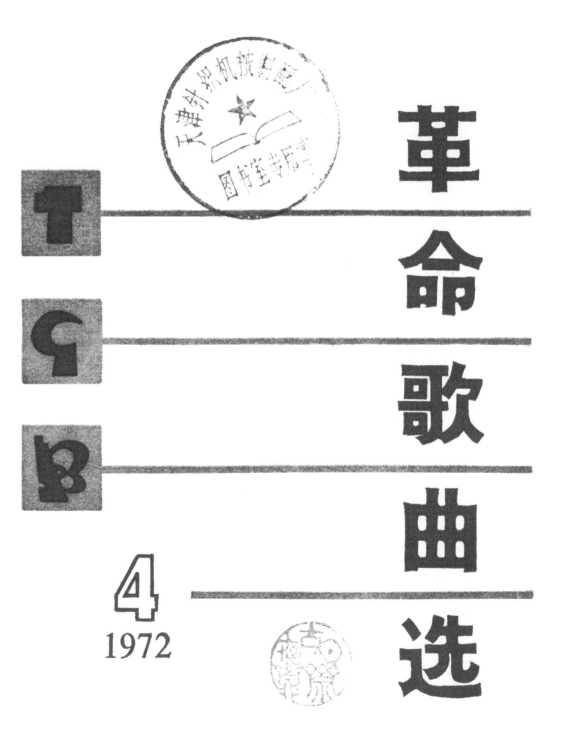

革命歌曲选

4
1972

革 命 歌 曲 选

〔第 四 集〕

注意事项

1. 爱护图书，如有丢失、污损，照价赔偿。

2. 要按期还书，限期不超过半个月。

3. 图书不能互相转借。

4. 阅后请写"读后感"。

针机图书室

革 命 歌 曲 选

〔 第 四 集 〕

人民文学出版社出版

新 华 书 店 发行

北京印刷八厂印刷

1972 年 11 月北京第 1 版

1972 年 11 月北京第 1 次印刷

书号 10019·1953　定价 0.14 元

目 录

颂歌献给红太阳

男、女声二重唱

晓 达词
何银柱曲

1=♭E 2/4

辽阔地

亲切、热情地 中速

(男)嫩江	流水	闪金	光,	草原上	
(女)毛主	席呀	毛主	席,	是您	
(齐)田野里禾苗	苗壮成	长,	靠的是		

红 花 朵朵开 放, 达 斡尔人 民
领导 我们 得 解 放, 滔 滔 嫩江
雨 露、 阳 光, 达 斡尔人 民

心向北京 城, 颂 歌 献 给 红 太 阳。
水 流 远, 比不上 您 的 恩 情 长。
干 革 命, 靠 的是 您 的 光辉思 想。

女 | 3. 2 3 5 | 6. i | 6. 6 5 65 | 3 - |
哪呀呢呀耶，　　　哪呀呢呀耶，

男 | 0 0 i 6 5 6 | 3. 5 | 6 i |
　　　　哪呀呢呀耶，　　哪呀，

| 2 2 3 1 2 | 3. 5 6 i | 2. 3 | 7 6 5 3 | 6 - (0 12 3235) |
颂歌　献给　红太　阳，　　　献给红太　阳。
比不上您的　恩情　长，　　　您的恩情　长。
靠的是您的　光辉思　想，　　光辉思　想。

| 6 6 5 3 2 | 1. 2 3 6 | 5. 3 | 5 6 2 i | 6 - |

| 6. i 2 3 | 7 6 56 3 6 66 6 6 6 66 | 6 6 i 3 6 65 33 |
　　　　　　　　　　　　　　　　拉起四弦纵情　歌唱，

| 0 0 0 0 0 0 0 0 6 - 3 - |
　　　　　　　　　　　　　　　　　　　歌　唱

| 6 6 i 2 | 6 65 6 0 6 6 | i. 2 6 65 6 3 33 0 |
歌唱心中的　红太阳，太阳就　是　毛主席、共产党，

| i i 2 | 6 65 6 0 6 6 i 3 | 6 65 33 6 6 2 5 3 33 0 |
心　中的　红太阳，太阳就是毛主　席呀，太阳就是共产党，

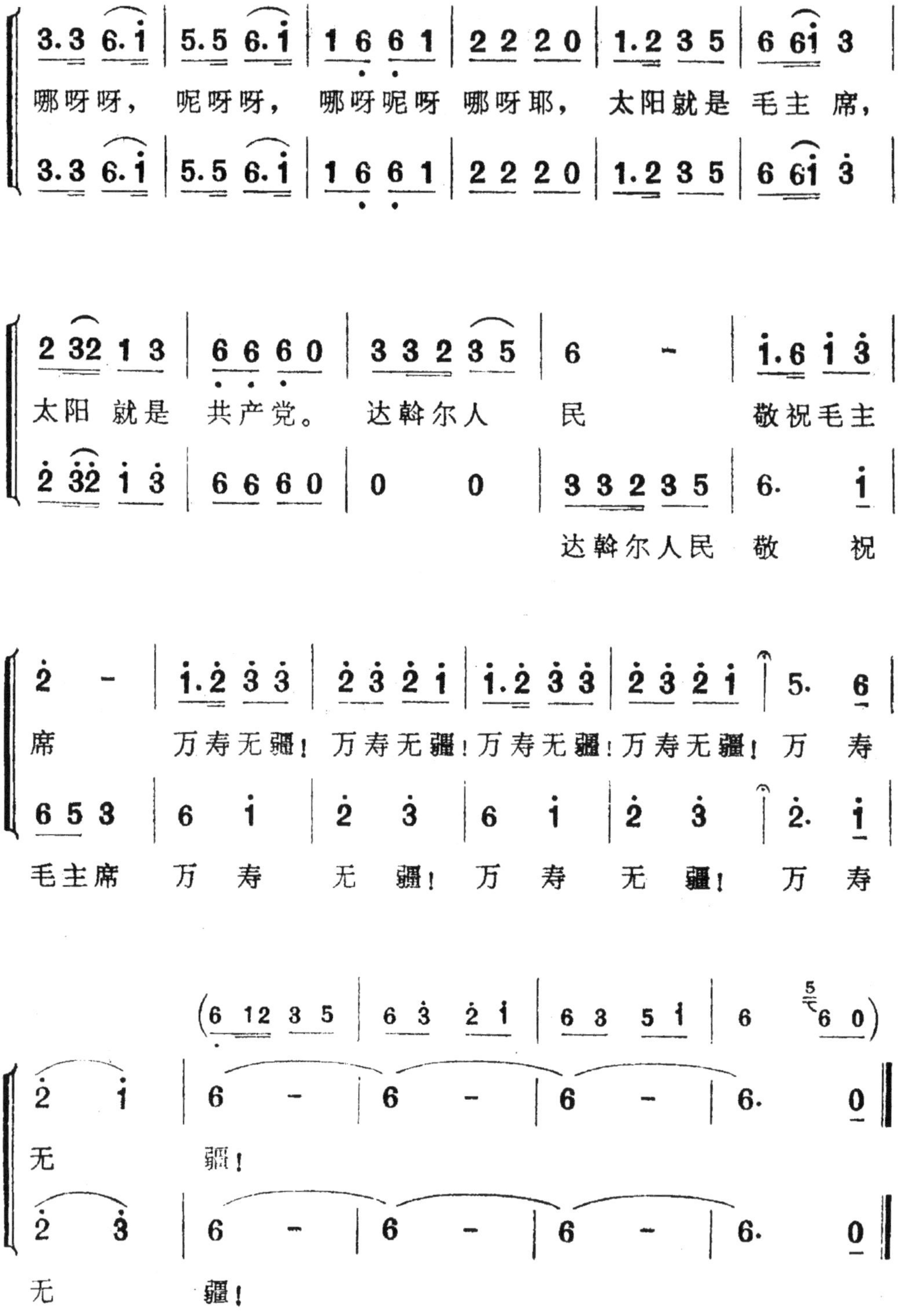
哪呀呀，呢呀呀，哪呀呢呀 哪呀耶，太阳就是 毛主 席，
太阳 就是 共产党。 达斡尔人 民 敬祝毛主
达斡尔人民 敬 祝
席 万寿无疆！万寿无疆！万寿无疆！万寿无疆！万 寿
毛主席 万 寿 无 疆！ 万 寿 无 疆！ 万 寿
无 疆！
无 疆！

最美的赞歌献给党

1 = F 3/4　　　　　女声独唱　　　　　韩　伟词
施光南曲

```
‖: (6·  i i | i - - | 2·i 2 i 6 5 | 5 - - |

5·  i 6 | 5 6 5 3 | 2·  3 2 1 | 1·  1 1 |

5  6 5 6 5 | 1·  1 1 | 5  6 5 6 5) | 3·  5 5 |
                                      1.2.千  条 江

5 - - | 5 - - | 6·5 6 5 3 | 3·  2 1 |
河          向          海

3 - - | 3 - 0 | 3  3 2 1 | 2·  5 3 |
洋，          灿 烂 的  葵  花

3·1 2 1 6 5 | 5 - - | 5 - 0 | 1·  2 2 |
向  太  阳。          亿 万 人

2 - - | 2  3·  1 | 2 5 3 - | 5  5 i 6 |
民    心 向 毛主席，  最 美 的
```

赞 歌 献 给 党。

赞 歌 向 着
赞 歌 向 着

太 阳 唱，
海 洋 唱，

毛 主 席 培 育 了 伟 大 的 党，
党 是 灯 塔 指 航 向，

百 万 工 农 举 红 旗，
革 命 航 船 乘 东 风，

冲 破 黑 暗 得 解 放。
向 着 共 产 主 义 胜 利 开 航。

啊，
啊，

$\widehat{2\ \dot{1}\ 6\ 5\ 6}$ | $6\ -\ -$ | $6\ -\ \underline{0\ 1}$ | $\widehat{\dot{2}\ \dot{1}\ 6\cdot\dot{1}\ 6\ 5}$ |

$\underline{6\cdot5}\ 5\ -$ | $5\ -\ 0$ | $5\ 6\ 6\ 6$ | $\widehat{6\cdot5}\ \widehat{6\ \dot{1}}\ 6$ |

党 的 光 辉 照 大 地，

江 河 永 远 向 海 洋，

$5\ \widehat{6\ 6}\ 5\ 3$ | $\widehat{3\ 2}\ \widehat{3\ 2}$ | $\widehat{2\ 1}\ 6\ -$ | $5\cdot\ 1\ 1$ |

青 山 绿 水 换 新 装， 革 命

革命 人民 永远 跟 着 党， 毛 主 席

$2\cdot\ \widehat{5\ 3}$ | $3\ 2\cdot\ 1$ | $3\ -\ -$ | **|1.** $\widehat{\dot{1}\ \dot{2}}\ \dot{2}$ | $\dot{2}\ -\ -$ |

征 途 风雷 激， 毛 泽 东

挥 手 我 前 进，

(6 1 3 5 6 5)

$\widehat{\dot{1}\ \dot{2}}\ \widehat{\dot{1}\ 6}$ | $5\cdot\ \widehat{\dot{1}\ \dot{2}\ \dot{1}}$ | $\dot{1}\ -\ -$ | $\dot{1}\ -\ -$:|

思 想 放 光 芒。

|2. $\widehat{\dot{1}\ \dot{2}}\ \dot{2}$ | $\dot{2}\ -\ -$ | $\widehat{\dot{1}\ \dot{2}}\ \widehat{\dot{1}\ 6}$ | $5\ \dot{1}\ \widehat{2\cdot\dot{1}}$ |

放 声 歌 唱 红 太

(\underline{\dot{1}\ \dot{2}}\ \dot{2} | \underline{\dot{1}\ \dot{2}}\ \underline{\dot{1}\ 6} | \underline{5\ 6\ 5\ \dot{1}}\ \underline{2\ \dot{1}} | \dot{1}\cdot\ \dot{1}\ \dot{1} | \dot{1}\ 0\ 0)

$\dot{1}\ -\ -$ | $\dot{1}\ -\ -$ | $\dot{1}\ -\ -$ | $\dot{1}\ -\ -$ | $\dot{1}\ 0\ 0$)

阳。

前进！伟大的社会主义祖国

洪　　源词

田　歌、田　光曲

1=F 4/4 2/4

豪迈地　进行速度

(1.1 | 5 - 5 55 6.5 | 5 - 5 5 6 7 | i.i 7 6 5 4 3 2 |

1 11 1 11 1 2 3 4) | 5 - i - | 5.4 3 2 1 - | 3. 2 1.2 3 1 |
　　　　　　　　　　　　彩　霞　万　　　里，　凯　歌　震

5 - - - | 1 6.6 4 2 | 5. 4 3 1 | 2 5.5 6 7 1 2 |
天。　　　　　时　代 的 洪 流 滚　滚，　历 史 的 车 轮 飞

3 - - 1 | 5 - - 6.5 | 5 - - 6 6 7 | i i 7 5 6.5 |
转。　　　前　进！　　向前进！　　伟大的 社 会 主义祖

5 - ∨ 4.4 | 4 - - 6.6 | 6 - ∨ 5 6 | 5 4 3 2 |
国，　　迎朝阳，　　向胜　利，　　沿着 毛 主 席 的

1. 3 5 i | 5. 4 3 2 | 1 - - 0 |
革　命 路 线　向　前 向　　前！

‖: 2/4 5 5 1 2 | 3 2 1 | 2 1 7 6 | 5 - | 1 1 2 3 | 4 6 6 |
大寨红花 开 遍了 祖国原　野，　大庆精神 传 遍了
革命红旗 召 唤着 团结战　斗，　七亿人民 踏 平了

5 5 4 3 | 2 - | 5 4 3 2 | 1 5 | 1 2 3 1 | 5 5 |

工厂矿 山。 钢花映红 蓝 天, 大地献出 粮 棉,

千险万 难。 创造光辉 业 绩, 谱写壮丽 诗 篇。

6 6 7 | i i | 7. 6 | 5 4 3 | 2 6 | 5. 4 |

卫星 飞向 太 空, 金 桥

保卫 红色 政 权, 建 设

3 5 6 7 | 1. 0 ‖ 1 5 | 4/4 5 - - 6.5 |

跨越 天 堑。

锦绣 江 山。 万 岁! 万万

5 - - 6 6 7 | i i 7 5 6.5 | 5 - - 4.4 |

岁! 伟大的 社 会 主义祖 国, 迎朝

4 - - 6.6 | 6 - - 5 6 | 5 4 3 2 |

阳 向胜利, 沿着毛 主 席 的

1. 3 5 i | 5. 4 3 5 | i - - |

革 命路线 向 前向 前。

伟大祖国欣欣向荣

王有思词

齐　歌曲

1=♭E　2/4

壮美、自豪　稍快

```
5. 6 | 5 3 2 1 | 5 - | 5 6 | i. 6 | 5 3 2 1 |
```
1.阳　光　照大　地，　　　凯　歌　震山
2.阳　光　照大　地，　　　凯　歌　震山

```
3 - | 3 - | 2 2 3 | 5.5 3 2 | 1 7 2 | 6 - |
```
河，　　　　伟大　的　社会主义祖　　国
河，　　　　伟大　的　社会主义祖　　国

```
5 6 1 2 | 3 2 1 | 5 - | 5 5.5 | i - | i. i |
```
欣欣向荣，朝气　蓬勃。　　长城　内　外，又
欣欣向荣，朝气　蓬勃。　　豪迈　步　伐，

```
2 i.i | 7 7 6 | 5 3.5 | 6 - | 6 6.6 | 2 - | 2. 3 |
```
升起了多少　面大庆　红　旗；大江　南　北，又
踏过了多少　惊涛骇　浪；万里　征　途，

```
2 i 7 6 5 | 6 6 i | 5.4 3 5 | 2 - | 2 - | 3.3 3 2 |
```
开放了多少　大寨　花　朵。　　　毛泽东
经历了多少　战斗的风　波。　　　毛主席

```
1 6 | 6.6 6 | 6 5.5 | i - | 5. 6 | 5.4 3 2 | 1 |
```
思　想　光芒万　丈，军民团　结　　心红似　火。
领导我们　向前　进，社会主　义　光芒四　射。

24

```
5 | i. 2 | 3 2 | i | 7.7 6 5 | 3. 5 | 7 2 |
啊，我  们  伟 大 的   社 会 主 义  祖
5 | i. 7 | 6 5 | 6 | 5.5 3 2 | 1. 2 | 3 5 |

6 - | 6 7 i | 2. 3 | 2 i | 7. 6 | 2 i |
国，        你  前 程 灿 烂 步 伐 壮
6 - | 6 5 6 | 7. i | 7 6 | 5. 6 | 4 3 |

5 - | 5 - | 3. 2 | 1 4 5 | 6.i 7 5 | 6 6 6 |
阔。         各  族 人 民   心向中国 共产党，
2 - | 2 - | 1. 7 | 6 1 2 | 3.3 5 3 | 6 6 6 |

0 5 6 5 | i 3 | 2 - | 2 - | 3 2 i | 5.3 5 2 |
高唱 团    结      胜 利 的  凯
0 5 6 5 | 3 i | 6 - | 6 - | i 7 6 | 5 4 |

i - | i - | 3 2 i | 5.3 5 2 | i - | i - |
歌。       胜 利 的 凯      歌。
3 - | 3 - | i 7 6 | 5 4 | 3 - | 3 - |
```

人民是历史的创造者

宇　晓词
李　群曲

1=C 2/4

豪迈壮阔地　进行速度

（1 2 | 3 - | 1 - | 6 7 1 | 2 2 3 4 | 5 6 7 2 | 1 5 ）|

f
1 - | 5. 6 | 5.4 3 2 | 1 1 | 5 - |

1. 革　命　　大　旗　迎　东　风，
2. 鲜　红　的　太　阳　照　全　球，

6. 7 | 1 6 5 3 | 2 1 | 6 - | 2. 3 |

时　代　风　雷　震　长　空。　谁
历　史　洪　流　在　奔　腾。　谁

2 0 5 5 | 1 7 6 | 5.6 7 1 | 2 - | 2 2 3 4 |

是　谁是　历　史的　创　造　者？　是　我们
是　谁是　真　正的　英　雄？　是　我们

5 1 | 6 2 | 5 - | 5 5 6 7 | 1 3 |

人　民　群　　众！　是　我们　人　民
人　民　群　　众！　是　我们　人　民

2̂ 5	i̇ 0	6 6.7	6. 5	4̂3 4̂6
群　　　 众！	前 　进的	道 　路	我 　们

群　　　 众！	我 们要	掌 握	自己的命

3 －	2 0 2 0	5 5̂6	7.7 65	6 －
开，	阶 级 斗 争	我们 打	先 锋，

运，	时 代 巨 轮	我们 推	动，

i̇ 5̂.6	5̂4 32	5.6 7	7 －	2̇ 7̇.6̇
人 类 财 富是	我们 创	造，	我 们的

新 世界 靠 我们 来	创 造，	我 们是

5̂6 7̂2̇	i̇ 5	i̇ i̇2̇	*f* 3̇ －	i̇ －
力 量 大 无	穷。 五洲	人 民

历 史的 主 人	翁。 五洲	人 民

6 7̂i̇	2̇ －	i̇ i̇ 5	6 3	1̇.5 65
团 结 紧，	改 造	世 界	改造 世界

团 结 紧，	迎 着	风 暴	迎着 风暴

3̂ 2̂	3̂ 0	1. 1	6 5̂.4	3̂.2 34
责 任 重。	为 了	人 类	彻底 解

向 前 冲。			

5　67 | i　6 | 5 6　7 i | 2　-　| 2　5.5 |
放，战斗 步 伐 永 不 停！ 为了

3̇　i | 7.6 5 6　3　6 7 | i 3̇ | 2̇ 5 | i 0 ‖
人 类 彻底解 放，战斗 步 伐 永 不 停！

f
i　- | 5.　6 | 5 4 3 2 | 1 i | 5　- |
革 命 大 旗 迎 东 风，

6.　7 | i 6 5 3 | 2 1 | 6　- | 2̇.　3̇ |
时 代 风 雷 震 长 空。 谁

2̇ 0 5 5 | i　7 6 | 5.6　7 i | 2̇　- | 2̇ 5 6 7 |
是 谁是 历 史 的 创 造 者？ 是 我们

i 2̇ | 3̇　- | 2̇ 5 | i　- | i 0 ‖
人 民 群 众！

团结胜利向前进

天津市革命歌曲
创作学习班 词
王 莘 曲

1=♭B 2/4

进行速度

```
3.  2  1  6 | 5.5 6̂3 5  0 | 3.  2
高  山 峻 岭  连 在  一  起，  亿  万

1  6 | 5.5 6̂1 2  - | 3.3 3 5 | 3  -
人  民  紧 挽 手  臂，  跟 着 毛 主  席，

1.3 2 1 | 6  - | 5.  6 | 1̂2 3 | 2.2 3
永远 干 革  命，  紧  密  团 结，  步 伐 统

1  5.4 | 3  5 | 1̂ 2 | 3  -  | 3  3.3
一。 团  结  就  是  力  量，  团 结

5.  3 | 1̂ 3 | 2  - | 2  3.2 | 1  6
就  是  胜  利，  沿 着 "九  大"

5  3 | 5.5 1̂2 3 - | 1.1 1 1 | 2.2 2 2
路  线  奋 勇 前 进，  团 结 起 来， 团 结 起 来，

5.  4 | 3 3 | 1̂ 2 | 5 | 1  -
争  取 更 大  的  胜  利。
```

29

认真看书学习

卢 昭、国 仲词
刘 武曲

1=G 2/4

坚决有力 进行速度

```
5.5 3 | 1 - | 2 1.6 5 - | 6.6 5 6 | 1 3 |
```

1.亿万军 民 举红 旗， 毛主席的 教 导
2.理论实 践 要统 一， 在斗争中 掌 握

```
2 6 1 2 - | 3 5.5 | 3. 2 1 7.1 | 2 6 |
```

记 心 里。 我 们要认 真 看书 学 习，
思想武 器。 我 们要坚 持 看书 学 习，

```
6.6 5 3 3 | 2 3 4 | 5 - 5 | 1 1 6 - | 6. 5 |
```

弄通马克思主 义。 深入 开 展
识别真假 马列主 义。 昂首 阔 步

```
4 4 3 5 | 2 2 3 | 4. 6 | 5 2 | 3 - 3 | 1 7 |
```

批修整 风，加强 路 线 教 育。 坚定
向 前 进，团结 就 是 胜 利。 一切

```
6. 5 | 1 2 | 3.2 3 5 | 6 - | [1. 5.5 6 5 | 3 2 |
```

执 行党 的 革命路 线， 反帝反修 志 不
行 动听从 毛主席指 挥，

```
1 0 :| [2. 5.5 6 5 | 3.3 5 6 | 1 - | 1 - ‖
```

移。 誓将 革命 进行 到 底。

革命工人钢铁汉

1=C 2/4

沙永跃词曲

坚定、有力地

```
5.5 16 | 5  3 | 2  6.1 | 5  0 | 1  5.1 |
```
1. 革命 工 人　钢 铁 汉，　铁 打 的
2. 革命 工 人　钢 铁 汉，　毛 主 席

```
6  5 | 1  5.3 | 2  0 | 3.  2 | 5.6  5 |
```
骨 头　钢 铸 的 肩，　忠 于 人 民
教 导　记 心 间，　千 万 重 困 难

```
1  3.5 | 6  1 | 2.3 21 | 5.  3 | 5  6 |
```
忠 于 党，　一 颗 红 心 永　不
脚 下 踩，　敢 教 日 月 换　新

```
1  0 | 3  3.2 | 3.  2 | 16 12 | 3  - |
```
变。嘿 铁 打 的 骨 头 撑 天 地，
天。嘿 胸 怀 (3 3 2) 五 洲 和 四 海，

```
2  2.3 | 21 7 | 6  61 | 2  - | 3.2 3 | 56 65 |
```
钢 铸 的 肩 膀 挑 重 担，　自 力 更 生
为 世 界 革 命 出 贡 献，　高 举 红 旗

```
1  2.1 | 6 56 | 1  2 | 3  - | 5  2 | 1  - |
```
闹 革 命，艰 苦 奋 斗 永 向 前。
向 前 走，共 产 主 义 要 实 现。

我的冲床本领大

男声独唱

贾立夫、朱声强词

朱 声 强 曲

1=♭E 2/4

自豪、热烈地

（ⅰ 6ⅰ 6 6 | 5 35 6 6 | ⅰ 6ⅰ 6 6 | 5 35 6 6 | ⅰ2ⅰ6 5653 |

2321 6165 | 3 5 6 1 | 2 35 ） | ⅰ6 - | 6 - |

1. 嗨！
2. 嗨！

ⅰ.6 6 6 | 5 ⅰ | ⅰ 6. | 6 0 | 5 33 2 | 1 5 |

我的冲床 高 又 大哎， 嗨！ 威风凛凛 象 战
我的冲床 本 领 大哎， 嗨！ 千重困难 都 不

5 3. | 3. 0 | 6 5 6 | 3 2 3 | 1.2 33 | 5 1 |

马哎， 好战马， 力气大， 轰轰隆隆 一 声
怕哎， 党要啥， 咱造啥， 自力更生 创 大

（6 66 3 6 | 6 66 3 6）

2 2. | 2 5 | 1.2 33 | 5 1 | 6 6. | 6 - |

吼哎， 钢板那个 开 了 花哎，
业哎， 继续革命 志 气 大哎，

1 6. | 1 | 3 5 3 | 0 5 | 1 | 2 3 2 | 3.3 23 | 5 | 3 5 |

冲出 产品 千 千 万， 件件产品 放 光
毛泽 东思 想 来 武 装， 车间开遍 跃 进

6 - | 6 - | i. 2 | 7 6 | 5.6 1 2 | 3 0 |

华，　　　　学　习　大　庆　好　榜　样，

花，　　　　站　在　车　间　望　北　京，

2.2 3 5 | 1 2 1 | 6 3 | 6 - | 6 6.1 | 2 - | 2 3

胜　利　凯　歌　传　天　下。哎　嗨！　　哎　嗨　嗨！

跃　马　扬　鞭　向　前　跨。哎　嗨！　　哎　嗨　嗨！

|1.
i.2 3 3 | 2 i 5 | 6 6. | 6 - ‖

我　的　冲　床　本　领　大　哎！

渐慢
|2.
i i 5 | i 2 | 3 - |

我　要　为　革　命

2.3 2 i | 5 3 2 | 3 - | i - | i - | i 0 ‖

贡　献　力　　　量！

铁路修到苗家寨

92035 工程分指挥部
文 艺 宣 传 队 词曲

1 = G 2/4

稍快

(1 1 2 5 | 2 0 2 | 1 1 2 5 | 2 0 2 | 1 1 2 6 | 5 - |

5 2 3 | 2 2 5 | 1 2 1 6 | 5 6 6 | 5 6 6 | 5 0)

5 2 5 2 | 5 6 5 2 | 5 6 | 5.i 6 6 | 5 - | 5 - |

1-5. 铁路修到 苗家寨， 苗家　寨呀，苗家 寨，

| 2 3 5 6 | 3 2 1 5 | 1 1 2 5 | 3.5 3 3 | 2 － | 2 － |

青山挂起 银飘带， 挂起银飘 带呀， 银飘 带。
苗岭起舞 笑颜开， 笑 颜 开呀， 笑颜 开。
苗家儿女 喜心怀， 喜 心 怀呀， 喜心 怀。
勘探队伍 进山来， 进 山 来呀， 进山 来。
革命列车 通四海， 通 四 海呀， 通四 海。

| 1 1 2 5 | 3 3 2 2 | 1 1 2 5 | 3 3 2 2 | 1 1 2 6 |
| 5 5 2 2 | 1 1 2 2 | 5 5 2 2 | 1 1 2 2 | 5 5 1 2 |

村村 寨寨 连北 京呀， 红太阳光辉 照苗 寨呀， 山花 朵
清水 江畔 建工 厂呀， 山区 一片 新气 派呀， 锦绣 河
"铁牛"隆隆 进山 来呀， 机械 耕作 好又 快呀， 山区 处
红旗 飘飘 马达 响呀， 金矿 银矿 开出 来呀， 祖国 建
支援 世界 人 民呀， 打败 帝国 主 义呀， 革命 东

| 5 5 | 5 2 3 | 2 2 5 | 1 2 1 6 | 1-4. 5 6 6 |
| 3 3 | 3 2 1 | | | |

朵 哟 哟 向 阳 开彩 呀， 向 阳 开， 向阳
山 处 哟 哟 添 有 大寨 呀， 添有 大伐 快， 步伐
处 设 哟 哟 吹 异 全 呀， 有 异 大步 吹
设 风 哟 哟 吹 遍 世 界， 步 伐 遍

渐慢

| 5 － | 5. 5 6 6 4 4 2 2 | 5 － | 5 － | 5 0 0 |

开。 遍 全世 界。
彩。
寨。
快。

插秧机手之歌

女声齐唱

1=F 2/4

古 笛词
詹景森曲

壮族民歌风　欢快热烈地

(6 5 | 3.5 3 2 | 1 12 5 6 | 1 — | 1 —)

(1 3 6 5 | 1 3 6 5)

5.6 1 0 | 5.6 1 0 | 3.6 5 0 | 3.6 5 0 ‖ 1 1 5 5
"齐呀 插"，"齐呀 插"，"齐呀 插"，"齐呀 插"，

1. 插秧机呀
2. 插秧机呀
3. 插秧机呀

3.2 1 2 | 5 5 65 | 3.3 3 0 | 6 1 2 | 3.5 3 2
声 连 声哟， "齐呀插"！好比 织 锦
声 连 声哟， "齐呀插"！转眼 山山 田 垌
声 连 声哟， "齐呀插"！山 山 水 水

12 1 | 6 5 | 5 0 | 3 3 | 5 | 65 3 | 5.6 53
忙 不 停 哪，解 放 了 千 年 手 插又
一 起 共 鸣 哪，秧苗 青 农业 插 得 好 机械
起 共 鸣 哪，农业 插 有 了 机 械

2 1 2 0 | 6 5 3 | 2 3 5 | 3.2 12 | 1 5 0
苦， 笑 在 眉 头 喜 在 心 哪。
快， 又 省 时 间 又 省 工 哪。
化， 奔 向 幸 福 好 前 程 哪。

35

```
5 -  | 5 6 3 6 | 5.3 5 | 5 - | 3 3 6 6 |
哎!                                    从前 插秧
哎!                                    跃进 时代
哎!                                    美好的光景
```

```
i 5 3 | 6 6. | 6 - | 1 1 5 5 | 3 6.1 |
背 如 弓哟,              如今 插秧 挺 起了
添 翅 膀哟,              如今 丰收 好 年
在 眼 前哟,              远大的理想 怀 心
```

```
5 5. | 5 - | 3 3 5 | 6 5 6 | i - | i. 5 |
胸哟,        红心    向   阳      齐
成哟,        苦干    实   干      加
中哟,        插下    新   苗      遍
```

```
                                    1.2.
6 5 3 0 | 6 5 3 | 2.1 2 3 | 5 | 6 5 | 3.5 3 2 |
欢 唱,声声 歌    唱,歌唱 党的 恩
巧 干,年年 夺    取,夺取 好 收
地 绿,锦绣 河    山,河山
```

```
              ( 0 3 5 3 2 | 1.2 5 6 | 1 - | 1 - )
1.2 5 6 | 1 - | 1 0 | 1 3 6 5 | 1 3 6 5 |
情(呀 同志 嘞)!
成(呀 同志 嘞)!
```

```
3.
3.5 3 2 | 1.2 5 6 1 | 3 5 6.5 6 1 | 5.6 5 6 i | i - i | i - i |
一    片    红,一   片    红(呀同志嘞)!
```

送　粮

女声独唱

周　祥　钧词
嘉　善　田歌
郭清海、葛顺中编曲

1＝G

[引子]　笛子独奏

（3 5 6 － － － 6 53 2532 1321 6· － － ）

61 22 23 0 35 6 － － i 6 65 2 － 0 33 1 －
东风　吹来　红旗（哎　　哦哎嗨）扬，　大河

55 3 3 35 2 6· － － 6 6 2 2 55 3 2 6 1. 5 61 6 50
流水　哗哗　响，　　送粮船队向前　进啰，

55 1 2 1 － 3 5 2 6· － － 0 6 6 2 2 55 3 21
我在船　头嗨　把歌　唱，　　唱得那天空铺彩　霞

3 1 － 1 3 2 － 3 5 6 6 6 － 3 5 2 6· － －
啰，呵呵　哝东方（哎）　升起了（哎）　红太　阳。

稍快

3/8（3 35 6 | 6. | i 65 | 3. | 1 23 | 3. | 3 5 2 | 6·.）

37

3	35 6	6.	i 6 5	3.	1 2 3	3.	3 5 2

送 粮 船 队 迎 朝 阳， 千 里 江 南 凯 歌
送 粮 船 队 迎 朝 阳， 满 船 颂 歌 满 船

1. 1 1 6 1. 5 6 5 3.21 2 2 5 3.2

响， 毛 泽 东 思 想 阳 光 照， 大 寨 红 花
粮， 一 颗 粮 食 一 颗 心， 颗 颗 红 心

1 2 3 3 21 6. (2 2 5 3.2 1 2 3 3 21 6. 6.)

开 水 乡。哎
向 着 党。哎

笛子独奏

235612 2 165356 6 5325321321 6 — — —) 61 2 2 3

大 河 清 清 来

0 3 5 6 — — — i 6 6 3 2 — — — 3 3

水 流（哎 哦 哎 嗨）长 啊， 大 寨

6 5 5 3 3 2 6 — — 6 6 2 2 5 5 3 2 1 3 1 —

（啊）道 路 宽 又 广， 满 怀 豪 情 干 革 命 啰 呵 呵，

渐慢

1 3 2 — 3 31 3 3 5 6 6 — — —

乘 风 破 浪 向 前 方 哎！

大寨道路宽又广

江苏省宿迁县
文化馆文艺创作组 词曲

1=F 2/4

热情豪迈地

1-3. 毛主 席 指航 向， 大寨
道路 宽又 广，

学 大 寨 政治挂 帅，
学 大 寨 自力更 生，
学 大 寨 胸怀世 界，

阶 级 斗争 永不 忘， 两条路线 分得清， 革命路上
奋 发 图强 向前 闯， 革命人民 斗志昂， 改天换地
继 续 革命 有方 向， 和世界人民 齐奋斗， 志在人类

不迷航， 学大 寨人 走 大 寨 路， 大 寨
有力量， 立 下愚 公 移 山 志， 大誓 叫
全解放， 共 产主 义 早日实 现， 革 命

红 旗 遍 地飘 扬。
山 河 换 新 装。
前 程 灿 烂辉 煌。

解放军学全国人民

1 = F 4/4

徐廷勋词
王兆盛曲

5 5 5. 6 | 3 21 6. 5 | 1. 5 1 3 |
伟 大 领 袖 毛 主 席 号 召 我

5 - - - | 6 6 6. 1 | 3.3 5 5 - |
们, 解 放 军 学 全 国 人 民,

6 6 1 5 3 1 | 2 - - 0 | 3 3 5 2 3 |
学 全 国 人 民。 人 民 是 我 军

2 3 1 7 6 5 6. | 1 1 2 3 6 |
力 量 的 源 泉, 人 民 是 我 军

2 1 1 2 3 5 - | 1. 1 2 1 | 5. 5 6 3 |
胜 利 的 保 证。 学 习 人 民, 忠 于 人 民,

5 6 5 3 2 1 2 | 3 - - 5 | 1. 1 2 1 |
永 远 保 持 谦 虚 谨 慎。 军 民 团 结,

5. 5 6 3 | 5 6 5 3 5 6 | 1 - - 0 |
万 众 一 心, 高 举 红 旗 向 前 进!

保卫祖国练兵忙

1=F 2/4

挺 进词曲

```
5 0 2 0 | 5. 6 | i 0 5 0 | 6 0 | 5. i | 6 i |
```

1. 军 旗 飘， 军 号 响， 迎 着 曙 光
2. 战 狂 风， 顶 骄 阳， 练 兵 场 上

```
3 2 1 0 | 2 0 | 1 6 | i. 6 | 5. i 6 5 | 3 2 3 |
```

上 操 场。 列 队 齐 步 多 威 风，
杀 声 响。 龙 腾 虎 跃 冲 上 前，

```
1. 2 3 5 | 6 0 2 0 | 5 - | 5. (5 6 | i. i i 2 | 6 5 2 3 |
```

保卫祖国 练 兵 忙。 一， 二， 三，
刺刀闪光 明 又 亮。 杀， 杀， 杀，

```
5 6 7) | i. 5 | 6 i 5 | 3 | 3 5 | 6 - | 5. i |
```

四！ 首 长 不 减 当 年 勇， 战 士
杀！ 革 命 路 线 是 方 向， 战 革 命

```
6 i 6 5 | 1 5 | 3 - | 2. 2 2 3 | 5 6 5 0 | i. i 6 i |
```

斗 志 更 高 昂。 官教兵， 兵教官， 互 教互学
熔 炉 炼 硬 钢。 吃大苦， 耐大劳， 毛主席教导

```
5 3 2 0 | 1 6 | i. 6 | 5. i 6 5 | 3 2 3 |
```

耐 心 帮， 练 兵 场 上 讲 传 统，
记 心 上， 革 命 重 担 挑 在 肩，

```
1. 2 3 5 | 6 5 6 i | 2 - | i 0 5 0 | i 0 |
```

毛主 席的 军事 路 线 放 光 芒！
人民 军队 永 远 忠 于 党！

政委教我练投弹

男声表演唱

河 南 商 邱
8181部队创作组 词曲

1=♭B 2/4

(5.1 6 5 | 4.5 4 3 | 2.3 2 7 | 1 1) | 5 1 | 5 0 |

1-4. 嗖！ 嗖！ 嗖！

2 1 7 1 | 2 0 | 5 1 6 5 | 4 4 5 | 6.5 4 2 | 5 —

弹 连 弹， 手榴 弹 出手 轱辘辘地 转，

0 1 7 6 | 5.6 4 3 | 2.3 2 7 | 1 — | 1 —

嘿 嘿嘿 哈哈 哈哈 轱辘 辘地 转。

1 1 7 1 | 2. 3 | 5 1 6 5 | 4 3 2 | 5 2 5 | 2.3 2 1

昨天政 委 到咱 班， 和咱 谈 起了
星星眨 眼 月儿 弯， 夜间 训 练
政委几 步 到我面 前， 手把 手 教我
政委给 我 做示 范， 我满 怀 信心

2 1 7 6 | 5 — | 0 1 6 1 | 5 | 6 5 | 2. | 5 6 5 4

练 投 弹， 和咱 谈 起 了 练 投
学 投 弹， 夜间 训 练 学 投
练 投 弹， 手把着 手 教 我 练 投
往 前 赶， 我满怀 信 心 往 前

5.　(76 | 5.6 43 | 23 27 | 11 11 | 11 11) |

弹。
弹。
弹。
赶。

1 121 | 5. － | 21 71 | 2 － | 22 3 | 5 45 |

他先问　我　　年十　几，　又问我　啥时
看见靶　子　　怒火　起，　恨不得把　人间地狱
手上伤　疤　　贴弹　柄，　阶级　　仇　恨
一气投　了　　几十　颗，　严格　　训　练我

654 | 5 － | 54 5 | 66 1 | 5645 | 6 － |

把军　参；　部队　生活　可习惯，
都炸　翻，　先投　一颗　四十二，
涌心　间；　用力　挥臂　弹出手，
不怕　难。　练就　一身　硬本领，

1 1 61 | 56 2 | 5 － | 5 － | 2.3 21 | 21 7. |

血泪家史　可记　全，　　　血泪家史　可记
再投一颗　四十　三，　　　再投一颗　四十
好像利箭　离了　弦，　　　好像利箭　离了
保卫祖国　多贡　献，　　　保卫祖国　多贡

1 － | 1. (76 | 5.6 43 | 2.3 27 | 10 10) |

全？
三。
弦。
献。

$$\underline{3.2} \quad 3 \mid \underline{5} \ 6 \quad 5 \mid 5 \ \dot{1} \quad \underline{6} \ 5 \mid \underline{4} \ 5 \quad 6 \mid \dot{1} \ \dot{1} \quad \underline{6} \ \dot{1} \mid$$

句句话，　记心　间，　就象　烈火　心头　燃。　浑身　是劲
我拳头，　捏出　汗，　投不　远，　好为　难。　突然　笑声
向前　看，　五十　三，　左不　斜，　右不　偏。　正好　砸在
下决　心，　往前　赶，　思想　技术　齐进　展。　我向　政委

$$\widehat{\underline{5} \ 6} \quad \underline{4} \ 5 \mid 6 \quad - \mid \widehat{2} \quad 2 \quad \underline{5} \mid \widehat{2} \ 3 \quad \underline{2} \ 1 \mid \widehat{2} \ 1 \quad 7 \mid$$

使　　不　完，　　赶　紧　　提　起了　手　榴
身　　后　中，　　谁　人　　看　起我　练　投
靶　　做　保　　证，　咱　们　　政　委　　不　简
做　　保　证，　　坚　决　　练　好　　投　手　榴

$$1 \quad - \mid \underline{5} \ 5 \ \underline{4} \ 5 \mid \underline{6.} \quad \dot{1} \mid \widehat{6} \quad \underline{5} \ 6 \mid 4 \quad 3 \mid \widehat{2.} \quad 5 \mid$$

弹。　　我浑　　身　　是　　劲　声　使身
弹？　我突　　然　　好　笑　砸　在　靶做
单。　突　正　　好　　向　政　委
弹。　我　　　向　　政　委

$$\widehat{4} \quad 5 \mid 6 \quad - \mid 6 \quad - \mid 0 \ \dot{1} \ \underline{6} \ \dot{1} \mid 5 \quad \underline{6} \ 5 \mid \widehat{2.} \quad 5 \mid$$

不　　完，　　　　　　赶　紧　提　起　了我
后　起，　　　　　谁　人　看　我　政
中　间，　　　　　咱　们　政　练　委　好　投
保　　证，　　　　坚　决

结尾

$$\widehat{\underline{6} \ 5} \ 4 \mid 5 \quad - \; : \parallel \underline{6.} \ 6 \ \underline{6} \ 5 \ 5 \mid 3 \quad 5 \mid \dot{1} \quad - \mid \dot{1} \quad -$$

手　榴　弹。
练　投　弹？
不　简　单。
手　榴　弹，　　嘿　坚决　练好　投　手　榴　　弹。

⑤

44

革命传统大发扬

4891 部队战士 词曲
作 曲 学 习 班
集　　　体 改词

1=♭B 2/4

```
5.  3 6  5 | i  6 i | 5  -  | 6.  7 |
```

1. 八　一军　旗　迎风　扬，　　战　士
2. 三　大纪　律　要执　行，　　八　项

```
i  5 | 6  3 i | 2  -  | i  7 | 6 6 | 5 |
```

红　心永　向　党。　踏着　前辈　的
注　意记　心　上。　踏着　前辈　的

```
i  2 | 3  5 5 5 | 5.5 3 3 | 2.i 2 3 | i  0 |
```

脚　印　走，前进在　古田　决议　建军　路线　上。
脚　印　走，前进在　毛主　席的　革命　路线　上。

```
i  i | 2 1. | 6  5 3 | 6  0 5 | i  i |
```

艰　苦　奋斗　最　光　荣，　为　人　民
谦　虚　谨慎　不　骄　躁，　向　人　民

```
6 5 | 6  1.2 3 i | 2  -  | 3  3 | 2 i  6 |
```

服　务　是　方　向，　艰　苦　奋斗
学　习　是　方　向，　谦　虚　谨慎

```
5  6 3 | 5  0 5 | 6 7 i 2 | 3  -  | 5  2 |
```

最　光　荣，　为　人民服　务　是　方
不　骄　躁，　向　人民学　习　是　方

$\dot{1}$ 0 | 3 - | 6 - | $\dot{1}$ $\widehat{6\ 5}$ | 6 - |
向。　　官　　兵　　如兄　弟，
向。　　加　　强　　军队　建　设，

6 - | $\dot{2}$ - | $\dot{3}$ $\widehat{\dot{2}\ \dot{1}}$ | $\dot{2}$ - | $\dot{3}$ $\dot{2}$ |
军　　　民　　情　谊　长，　　战　天
搞　　　好　　军政　训　练，　　时　刻

$\dot{1}$ $\widehat{\dot{1}\ 5}$ | $\dot{1}$ $\dot{2}$ | $\dot{3}$ 0 | $\dot{2}$ $\dot{2}$ | $\dot{1}$ 6 $\widehat{\ 5}$ |
斗地　不　怕　难，　　百　战　百胜
紧握　手　中　枪，　　提　高　警惕

3 $\widehat{5\ 6}$ | 5 0 | $\dot{1}$. 6 | 5 3 $\widehat{\ 5}$ |
斗　志　昂。　　团　结　胜利
保　国　疆。

6 $\widehat{\dot{1}.\dot{2}}$ $\dot{3}$ $\underline{5\ 5}$ | $\dot{1}$ $\dot{2}$ | $\dot{3}$ $\widehat{\dot{1}.\dot{3}}$ | $\dot{2}$ - |
向　前　进，忠于　人　民　忠于　党。

$\dot{2}$ 0 | 5. 3 | 6 5 | $\dot{1}$ $\widehat{6\ 3}$ | 5 $\widehat{6\ 5}$ |
革　命　精　神　永　保　持，光荣

6 $\dot{1}$ | $\dot{2}$ - | $\widehat{\dot{3}\ 5}$ | $\dot{1}$ - | $\dot{1}$ 0 ‖
传　统　大　发　扬。

幸福的种子撒边寨

郭 振 发、王 其 珍词
郭振发、杨昌一、王其珍曲

1＝C $\frac{2}{4}$ $\frac{3}{4}$

象脚鼓钗

铓锣

鲜红的太阳 照边寨 照边

寨， 大军 野营 进寨 来 进寨 来，

端碗米酒 敬亲人 敬 亲 人，

$\stackrel{\cdot}{1}$ $\stackrel{\cdot}{1}$ $\stackrel{\cdot}{3}$ $\stackrel{\cdot}{5}$ | $\stackrel{\cdot}{1}$ $\stackrel{\cdot}{2}\stackrel{\cdot}{1}$ 6 5 | 5 $\stackrel{\cdot}{1}$ $\stackrel{\cdot}{2}$ $\stackrel{\cdot}{1}\stackrel{\cdot}{2}$ | $\stackrel{\cdot}{1}$ $-$ |

颗 颗 芒 果　　表 心 怀　　表 心　　怀。

$\stackrel{\cdot}{3}.$ $\stackrel{\cdot}{2}\stackrel{\cdot}{3}$ | $\stackrel{\cdot}{5}$ $-$ | $\stackrel{\cdot}{1}.$ $6\stackrel{\cdot}{1}$ | $\stackrel{\cdot}{2}$ $-$ |

啊　　　　　　　　　啊

5 5 3 5 | $\stackrel{\cdot}{1}$ $\stackrel{\cdot}{2}\stackrel{\cdot}{1}$ 6 5 | 5 $\stackrel{\cdot}{1}$ $\stackrel{\cdot}{1}$ 5 | $\stackrel{\cdot}{\underset{\cdot}{5}}3$ $-$ |

端 碗 米 酒　　敬 亲 人　　敬 亲　　人,

$\stackrel{\cdot}{1}$ $\stackrel{\cdot}{1}$ $\stackrel{\cdot}{3}$ $\stackrel{\cdot}{5}$ | $\stackrel{\cdot}{1}$ $\stackrel{\cdot}{2}\stackrel{\cdot}{1}$ 6 5 | 5 $\stackrel{\cdot}{1}$ $\stackrel{\cdot}{2}$ $\stackrel{\cdot}{1}\stackrel{\cdot}{2}$ | $\stackrel{\cdot}{1}$ $-$ |

颗 颗 芒 果　　表 心 怀　　表 心　　怀。

($\stackrel{\cdot}{1}$ $\stackrel{\cdot}{5}\stackrel{\cdot}{5}$ $\stackrel{\cdot}{3}$ $\stackrel{\cdot}{5}$ | $\stackrel{\cdot}{1}\stackrel{\cdot}{2}\stackrel{\cdot}{1}\stackrel{\cdot}{2}$ 6 5 | 5 $\stackrel{\cdot}{1}$ $\stackrel{\cdot}{2}\stackrel{\cdot}{3}\stackrel{\cdot}{1}\stackrel{\cdot}{2}$ | $\stackrel{\cdot}{1}$ $\stackrel{\cdot}{1}$)

5 5 5 $\stackrel{\cdot}{3}.$ $\stackrel{\cdot}{5}$ | $\stackrel{\cdot}{1}$ $\stackrel{\cdot}{2}\stackrel{\cdot}{1}$ 6 5 | $\stackrel{\cdot}{1}$ $\stackrel{\cdot}{3}.$ 6 | 5 $-$ |

鲜 红 的 太 阳　　照 边 寨　　照 边　　寨,

$\stackrel{\cdot}{1}$ $\stackrel{\cdot}{1}$ $\stackrel{\cdot}{3}$ $\stackrel{\cdot}{5}$ | $\stackrel{\cdot}{1}$ $\stackrel{\cdot}{2}\stackrel{\cdot}{1}$ 6 5 | $\stackrel{\cdot}{1}$ $\stackrel{\cdot}{2}$ $\stackrel{\cdot}{2}$ $\stackrel{\cdot}{1}\stackrel{\cdot}{2}$ | 5 $-$ |

大 军 野 营　　进 寨 来　　进 寨　　来,

i i i 6 5 | 3 5 6 | 5 i i 5 | 3 — |
毛主席 派来 播种人 播 种 人，

i i i 3 5 | i 21 6 5 | 5 i 2 12 | i — |
幸福的 种子 撒边寨 撒 边 寨。

i i 3.5 | 5 5 | 6 i 6 56 5 5 | (5 5 3 5 |
啊来 舍 巧 巧 洗来 舍 巧 巧。

6 6 | 5 3 3 1 5 5 | i i 3 5 3 3 |

（笛）
i 2 2 i | i i | 6 5 — | 5 — | 2 03 5 5 |

（加弦乐）
3 5 3 1 | 2 3 2 — | 2. 3 i 6 i 3 5 |

6 5 — | 5 — | 3/4 3 5 6 5 | 3 5 6 5) |

| i. | i 6 i | 3 - 5 | i. 6 6 i | 2 - - |

1. 解 放 大 军　　　进　寨 来，
2. 解 放 大 军　　　进　寨 来，
3. 解 放 大 军　　　进　寨 来，
4. 凤 尾 竹 啊　　　根　连 根，

| 3 3 5 | i - 6 i | 5. 3 5 i | 6 - - |

帮 咱 打倒 土 司 把 身 翻，
毛 泽 东 思 想 处 处 传 开，
山 山 水 水 都 走 遍，
军 民 鱼 水 分 不 开，

| i. 2 6 5 | 3 - 5 | i. 6 i | 2 - - |

边 疆 人 民 心 向 党，
文 化 革 命 烈 火 旺，
政 委 访 贫 又 问 苦，
军 爱 民 民 拥 军，

| 5 3 5 | i - 6 | 5. i 6 5 | 5 - - |

团 结 建 设 新 边 寨。
千 家 万 户 添 新 彩。
团 长 去 修 发 电 站。
军 民 情 谊 深 似 海。

$$\widehat{\dot{5}.} \quad \dot{3} \quad \widehat{\dot{3}\dot{5}} \mid \dot{6} \quad - \quad \dot{3} \mid \widehat{\dot{5}.} \quad \dot{3} \quad \widehat{\dot{3}\dot{5}} \mid \dot{2} \quad - \quad \dot{3} \mid$$

集　　体　道　路　　　我　　们　走，
抓　　　革　命　　　促　　生　产，
战　　士　扛　锄　　挖　　水　渠，
永　　　远　跟　着　　毛　主　席，

$$\underset{.}{3.} \quad 6 \quad \widehat{\dot{1}\dot{2}} \mid \dot{3} \quad - \quad \dot{5} \mid \underset{.}{3.} \quad 6 \quad \widehat{6\dot{1}} \mid \dot{2} \quad - \quad - \mid$$

$$\widehat{\dot{5}.} \quad \dot{3} \quad \widehat{\dot{3}\dot{5}} \mid \dot{6} \quad - \quad \dot{3} \mid \widehat{\dot{3}.} \quad \dot{5} \quad \dot{6} \mid \dot{5} \quad - \quad - \mid$$

公　　社　红　旗　迎　风　摆。
丰　　　收　的　歌　儿　唱　起　来。
医　　生　看　病　串　门　来。
军　　民　团　结　向　前　迈。

$$\underset{.}{3.} \quad 6 \quad \widehat{\dot{1}\dot{2}} \mid \dot{3} \quad - \quad \dot{1} \mid \widehat{\dot{5}.} \quad \dot{1} \quad \widehat{6\dot{5}} \mid \dot{5} \quad - \quad - \mid$$

|1-3.|

$$(\widehat{\dot{5}\dot{3}} \quad \widehat{\dot{3}\dot{5}} \quad \dot{5} \mid \widehat{\dot{1}6} \quad \widehat{5\dot{6}} \quad \dot{5} \mid \dot{6}. \quad \dot{1} \quad \widehat{6\dot{5}} \mid \dot{5} \quad - \quad - \;):\parallel$$

|4.

$$(\underset{\cdot}{X}. \quad X \quad X \quad X \mid \underset{\cdot}{X}. \quad X \quad X \quad X \mid \underset{\cdot}{X}. \quad X \quad X \quad X \mid \underset{\cdot}{X}. \quad X \quad X \quad X \mid \dot{1} \quad \dot{5} \quad \dot{3} \quad \dot{5} \mid$$

$$\widehat{\dot{1}\dot{2}\dot{1}\dot{2}} \quad 6 \quad 5 \mid \dot{5} \quad \dot{1} \quad \dot{1} \quad \dot{5} \mid \dot{3} \quad - \mid \dot{5} \quad \dot{5} \quad \dot{3} \quad \dot{5} \mid \widehat{\dot{1}\dot{2}\dot{1}\dot{2}} \quad 6 \quad 5 \mid$$

5 i 2̇3̇1̇2̇ | i̇ i̇) | 5 5 5 3.5 | i̇ 2̇ 6 5 |
　　　　　　　　　　　　鲜红的 太阳　照 边 寨

5̇ i̇ 3̇.6̇ | 5̇ - | i̇ i̇ 3.5 | i̇ 2̇1̇ 6 5 |
照　边　寨，　　　　大 军 野 营　进 寨 来

i̇ 2̇ 2̇ i̇2̇ | 5̇ - | i̇ i̇ 6 5 | 3 5 6 |
进　寨　来，　　　　端 碗 米 酒　敬 亲 人

5̇ i̇ i̇ 5̇ | 3̇ - | i̇ i̇ 3 5 | i̇ 2̇ 6 5 |
敬　亲　人，　　　　颗 颗 芒 果　表 胸 怀

5̇ i̇ 2̇ i̇2̇ | i̇ - | 3. 2̇ 3̇ | 5̇ - |
表　胸　怀。　啊　　　　　　　　　　

i. 6̇1̇ | 2̇ - | 5 5 5 3 5 | i̇ 2̇ 6 5 | 5̇ i̇ i̇ 5̇ |
啊　　　　　　毛 主 席 派 来　播 种 人　播　种

3̇ - | i̇ i̇ 3 5 | i̇ 2̇ 6 5 | 5̇ i̇ 2̇ i̇2̇ | i̇ (5 | i̇ 0) ‖
人，　　幸 福 种 子　撒 边 寨　撒 边　寨。

决战决胜之歌

——献给英雄的越南人民

晓　星词
晓河、庄映曲

1=G 4/4 2/4

（5 1 3｜ 5. 5 5｜ 5. 5 5｜ 5. 2 5 6｜ 6 6｜

5 4 5 6 5 6｜ 4. 2 5｜ 1 5 5 5 5｜ 1) 5｜

1. 南
2. 听

1.　　2 7.6 5.3｜ 3 － － 5｜ 3. 5 2.1 7.5｜
海　掀起巨　浪，　长　山　战旗飞
战　斗凯歌嘹　亮，　曙　光　已照临南

2 － － 6.6｜ 2 2.3 4 4.3｜ 2 7.5 1 0 5｜
扬，　三千万人民乘胜向前进，听
方，　万众一心坚决打到底，把

5.5 3 1 7 6 2｜ 5 － － 5｜ 1 － 1 1 1 1｜
杀敌吼声响彻四　方。　越　南，每一个
侵略者彻底埋　葬。

2.1 7 6 5 1 0 5｜ 3 － 3 3 3 3｜ 4.3 2 1 2 3 0 5｜
人民都是战士，越　南，　每一个村庄都是堡垒。为

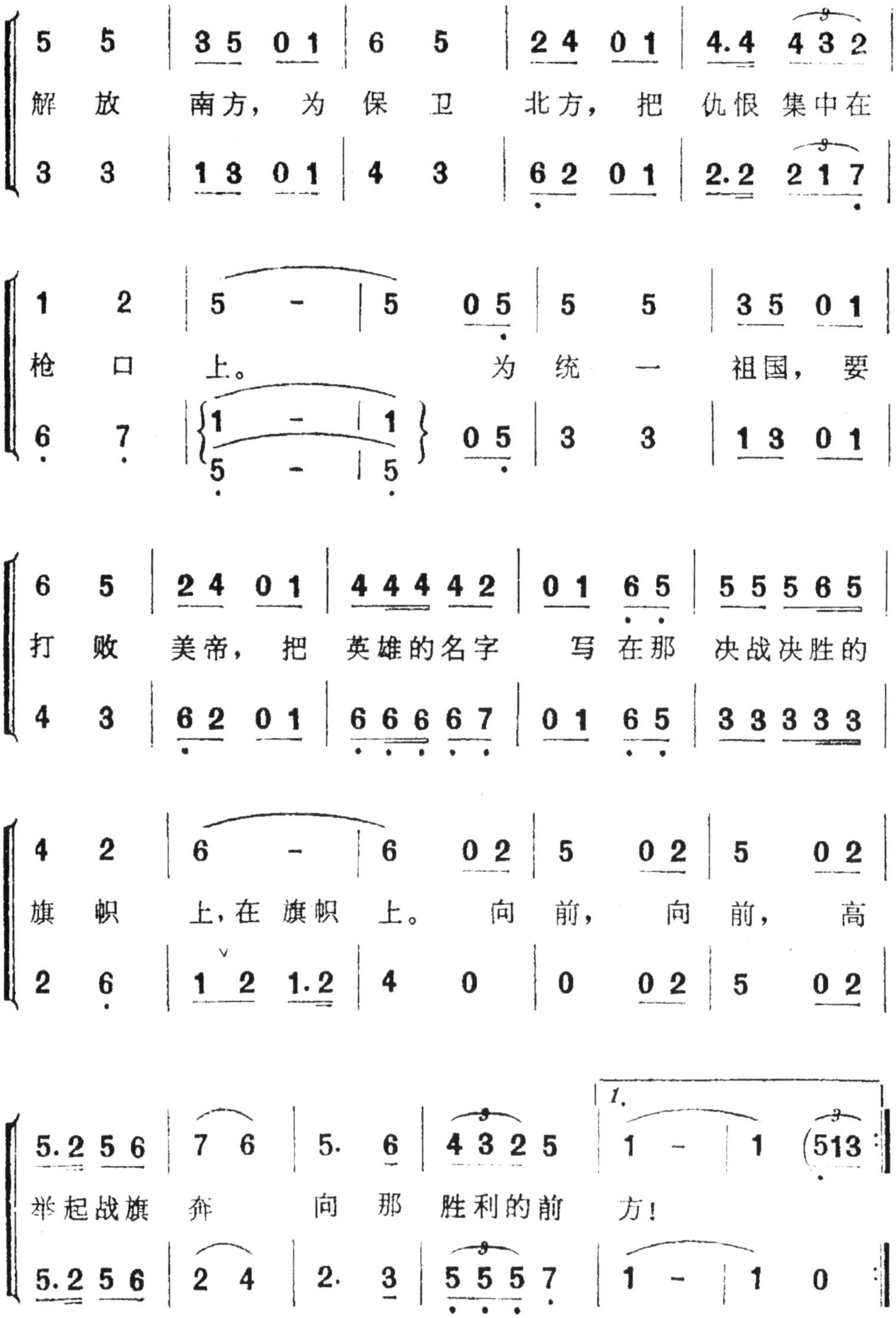
解放南方，为保卫北方，把仇恨集中在
枪口上。为统一祖国，要
打败美帝，把英雄的名字写在那决战决胜的
旗帜上，在旗帜上。向前，向前，高
举起战旗奔向那胜利的前方！

[编者按] "电影歌曲选辑"中的七首歌是从中国电影发行公司提供给我们的作品中选出的。

我们战斗在高山峻岭

纪录片《大有作为》插曲

$1 = D$ $\frac{2}{4}$

有力地　进行速度

1-3. 钢　铁的　意志　火　红的

```
5  -  | 6.6  i | 5.  4 | 3.3  5 | 2   0 |
心,       我们 战   斗    在 高山 峻  岭,

1  1.2 | 3  0 | 5  4.5 | 6  - | 5 5 3 | i.  6 |
挥 铁  锤,    创 大  业,      到处 是 豪  迈
破 艰  险,    闯 激  流,      肩负 着 阶  级
洒 热  汗,    迎 春  色,      胸怀 着 五  洲

5  2 3 | 1  3 5 | i  - | 2.  i | 7 6 5 |
歌    声。 学习 英    雄     光辉 榜
重    任。 阳光 雨    露     育 青
风    云。 为了 实    现     崇高 理

6  - | 6  5 5 | i.i  i 7 | 6  2 | 5  - | 5  0 |
样,      建设 社会 主义  当 尖  兵。
松,      革命 熔炉 炼 新  人。
想,      献出 我们 的 青  春。

5  - | 1.  2 | 3  5 6 | i  - | 3.  i |
广   阔     天    地   大   有

7  6 | 2  - | 2  5 5 | i.i  i 2 | 3.  3 |
作    为,      沿着 毛主 席的 革 命

2  i 2 | 6  5 5 | 3.  i | 2  3 | i  - | i |
路    线, 我们 奋 勇   前    进!
```

(上海工农兵电影制片厂供稿)

要为祖国献石油

1＝♭B 2/4　　影片《大庆红旗》插曲

有力、豪迈地

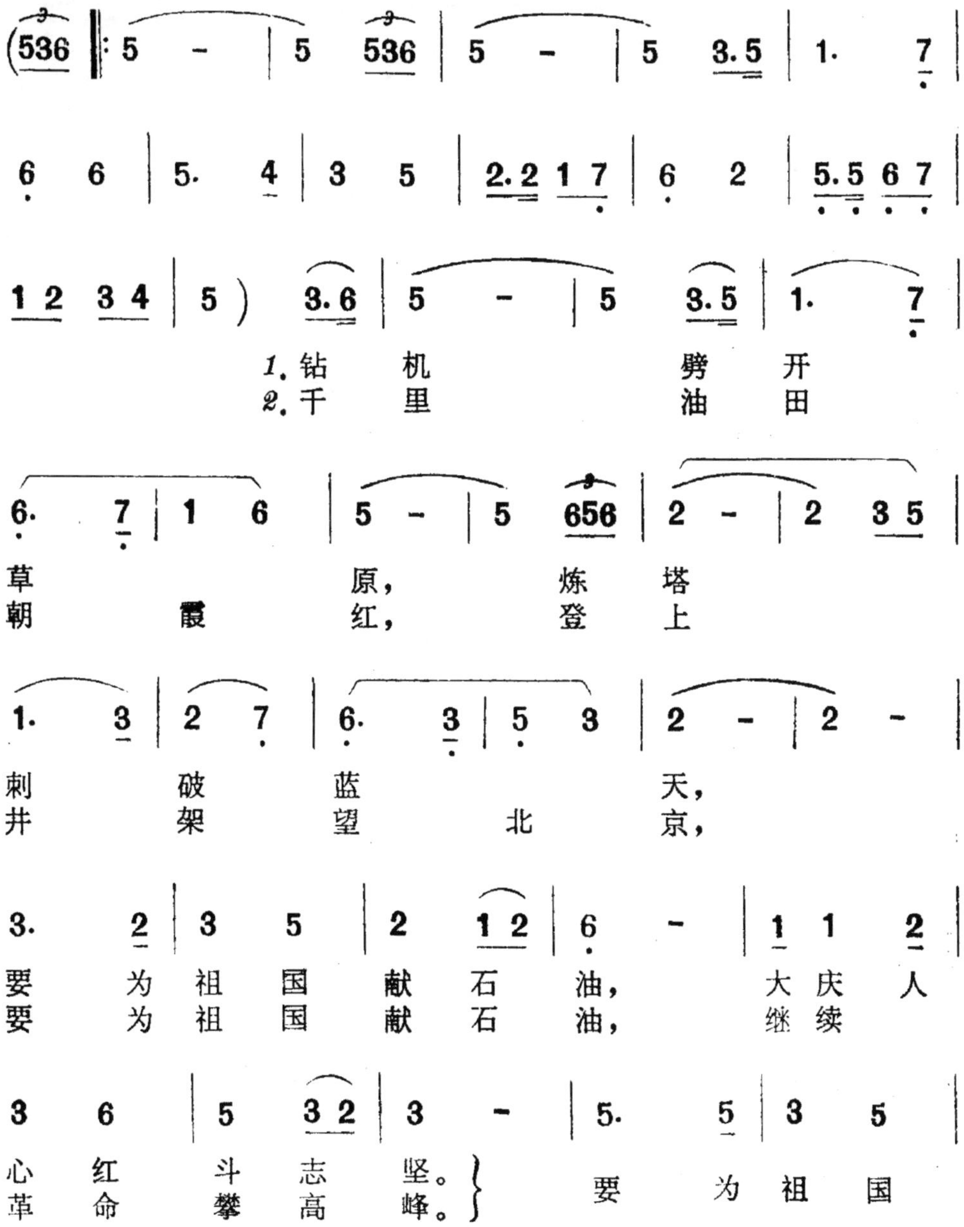

$$6 - | \widehat{5\ 6} | \widehat{7 - | 7} - \| \underbrace{1.}_{\widehat{6\ 6}}\ \underline{5}$$

献　　　石　　油，　　　大庆人

$$\widehat{3\ \underline{2\ 3}} | \widehat{5 - | 5}\ 6 | \underline{3}\ 2\ \underline{3} | \widehat{6}\ 5 |$$

心　红　　　　斗　志

$$1 - | 1\ (\overset{3}{\underline{5\ 3\ 6}} \ \overset{2.}{\|} \widehat{6\ 6}\ 5 | \widehat{3}\ \underline{2\ 3} | 5 - |$$

坚。　　　　继　续　革　命

$$\widehat{5\ 3} | \overset{渐慢}{5} - | \widehat{6\ 5} | \overset{\frown}{1} - | 1\ \|$$

攀　　高　峰。

（中央新闻纪录电影制片厂供稿）

英姿飒爽女电工

女声合唱

$1=\text{D}\ \dfrac{2}{4}$　　　　影片《三八带电作业班》主题歌

活跃、自豪

$$\| : (\underline{6.}\ \underline{\overset{..}{1}\ 2} | \underline{3.}\ \underline{\overset{.}{2}\ 3} | \underline{\overset{.}{1}}\ \underline{\overset{.}{2}\ \overset{.}{1}}\ \underline{6}\ \underline{1\ 6} | \underline{5}\ \underline{6\ 5}\ \underline{4\ 5\ 4\ 3} | \underline{2\ 3\ 2\ 1}\ \underline{7\ 6\ 1\ 7} |$$

$$\underline{6}\ \underline{6\ 6}\ \underline{6}\ \underline{6} | \underline{1\ 6}\ \underline{3\ 0} | \underline{6}\ \underline{6\ 6}\ \underline{6}\ \underline{6} | \underline{1\ 6}\ \underline{3\ 0}) | \underline{3\ 0}\ \underline{6\ 0} |$$

电　花

5 4̂5 3 0 | 3̂ 6̂ 1̇5 | 6 - | 7̂.7 7̂3 | 5̂ 6 7̂ |
闪闪 红， 弧光 飞流 星，   英姿 飒爽 女电 工，

6.3 2̇ 1̇ | 6 1̇2̇ | 3̇ - | 3̇ 2̇
壮志 凌云 震 长 空。

6.1̇ 7 6 | 6 - | 6 3 #5 6 | 7 -
壮志 凌 云   震 长 空。

1̇.3̇ 2̇ 1̇ | 3̇ 0 5 0 | (6 66 6 6) 6̇ 0 0 | 1̇ 5 6)
壮志 凌云 震 长 空。

6.1̇ 7 6 | 3 0 3 0 | 6 0 0 | 0 0
壮志 凌 云

抒情地

5. 6 | 1̇ - | 3 2̇3̇ | 1̇ - | 3̇ 6̇ | 5̇3̇ 2̇1̇
(齐) 心   红 手 巧 降 电

3̇ - | 3̇ - | 3̇ - | 3̇ - | 2̇. 3̇
虎，   青 天 万

0 5 | 6 5 | 0 3 | 6 5 | 4 5
降 电 虎， 青 天 万

2̇ 1̇ | 3̇ 6̇ | 6̇5̇ 3̇ | 5̇ - | 5̇ 5̇.6̇
里 绘 彩 虹。   攀长

6 - | 3 - | 3 1 | 2 - | 2 0
里 绘 彩 虹。

59

（珠江电影制片厂供稿）

小高陵人民多奇志

科教片《治山造林保水土》主題歌

1=♭B 2/4

自由地

中速

稍快

1.(独)青海 高原 风 光 好，
2.(齐)清清 水库 映 山 村，

日月 山下 红 旗
层层 梯田 连 九

飘 哟， 人如海， 歌如
霄 哟， 学大寨， 赶大

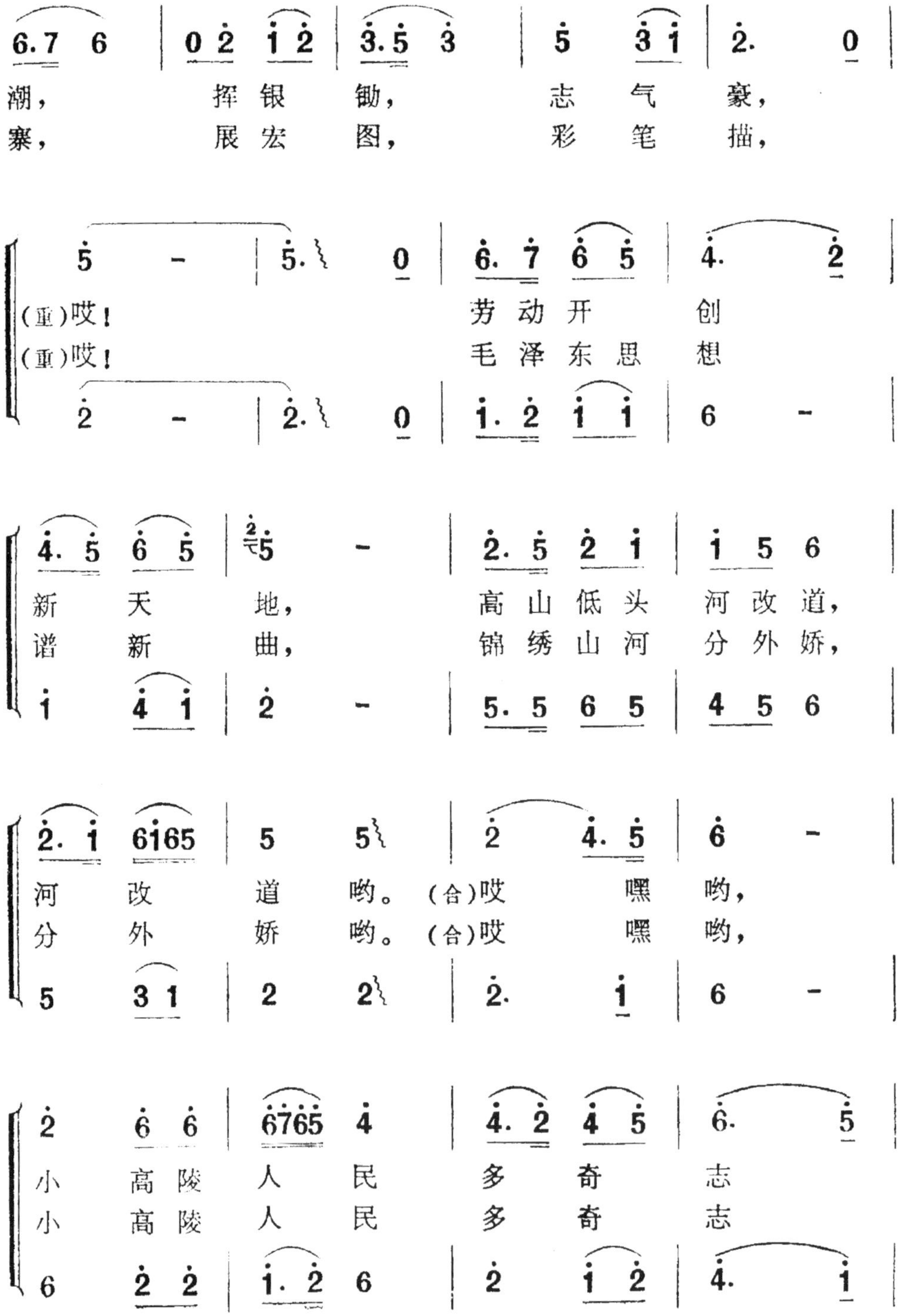
湖， 挥银 锄， 志 气 豪，
寨， 展宏 图， 彩 笔 描，
(重)哎！ 劳动开 创
(重)哎！ 毛泽东思 想
新 天 地， 高山低头 河改道，
谱 新 曲， 锦绣山河 分外娇，
河 改 道 哟。(合)哎 嘿 哟，
分 外 娇 哟。(合)哎 嘿 哟，
小 高陵 人 民 多 奇 志
小 高陵 人 民 多 奇 志

荒山秃岭 换新貌, 换 新 貌 哟。
继续革命 斗志高, 斗 志 高 哟。

哎嘿哟, 哎嘿哟, 哎 嘿哟。

渐慢

（西安电影制片厂供稿）

63

继续革命永向前

影片《战斗在万水千山》插曲

1=F 4/4

雄壮、豪迈、信心百倍地 进行速度

（1. 11 1. 11 | 1 11 1 11 1 5 1512 | 3. 33 3. 33 |

3 33 3 33 3 5 1513 | 2. 22 5 1 | 3 ‖ 3.1 7 6 5 4 3 2 |

1 55 5555 1 55 5555 | 1 55 5555 5 67 1234）|

5 5 1 5 4 | 3.1 2 5 - | 1.2 3 5 1. 7 |
1.时代 的 列 车 飞驰 向 前， 革 命 战 士
2.时代 的 列 车 飞驰 向 前， 革 命 战 士

6.6 2 5 - | 3. 1 6 6 6 | 1 7 5 6 3 |
南北 转 战。 沿 着毛主席 革 命 路 线，
南北 转 战。 沿 着毛主席 革 命 路 线，

2 2 1 2.3 5 | 6.6 5 6 3 2 | 5 - - - |
向 前 进！向前进！ 万水 千山 只 等 闲。
向 前 进！向前进！ 继续 革命 谱 新 篇。

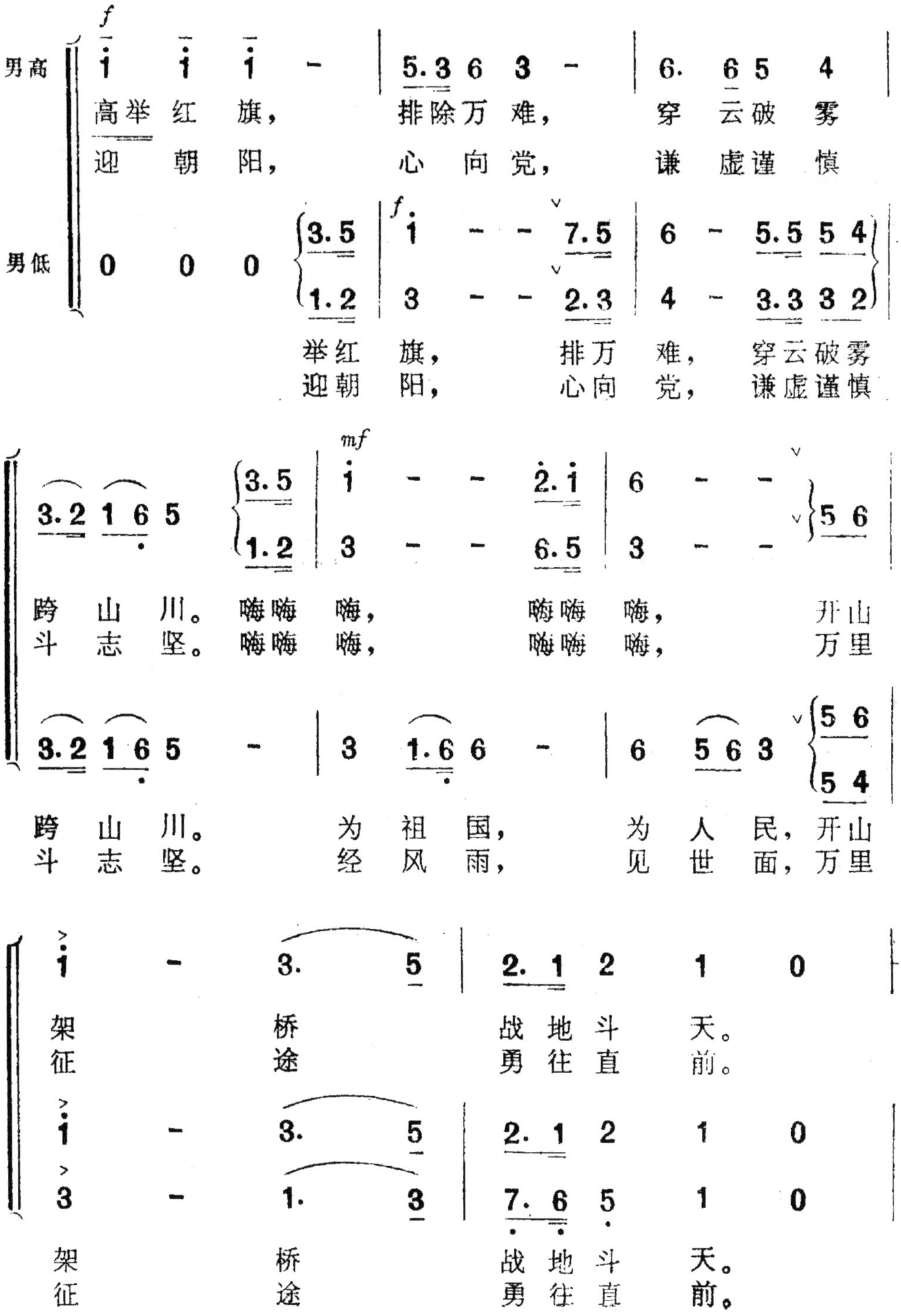
男高
男低
高举红旗，排除万难，穿云破雾
迎朝阳，心向党，谦虚谨慎
举红旗，排万难，穿云破雾
迎朝阳，心向党，谦虚谨慎
跨山川。嗨嗨嗨，嗨嗨嗨，开山
斗志坚。嗨嗨嗨，嗨嗨嗨，万里
跨山川。为祖国，为人民，开山
斗志坚。经风雨，见世面，万里
架桥战地斗天。
征途勇往直前。
架桥战地斗天。
征途勇往直前。

女高　| i. i i i 2. i | 7 5 6 － | 1. 1 2 2 3 5 |

女低　| 3. 3 3 3 6. 6 | 2 2 3 － | 5. 5 5 5 1 3 |

跟着伟大领　袖毛主席，　　军民齐心建　设
跟着伟大领　袖毛主席，　　迎来五洲四　海

男高　| i. i i i 2. i | 7 5 6 － | 1. 1 2 2 3 5 |

男低　| 1. 1 1 1 4. 3 | 5 2 3 ～ | 1. 1 7 7 6 5 |

跟着伟大领　袖毛主席，　　军民齐心建　设
跟着伟大领　袖毛主席，　　迎来五洲四　海

| 6. 2 i 7 6 | 2 － － － | i. i i i 2. i | 7 5 6 － |

| 4. 4 6 5 | *4 － － － | 5. 5 5 5 6. 6 | 5 2 3 － |

锦　绣江　　山。　　跟着伟大领　袖毛主席，
红　旗　展。　　跟着伟大领　袖毛主席，

| 6. 2 { i 7 6 / i 5 } | 2 － － － / 6 － － － | { 3. 3 3 3 / 1. 1 i i } 2. i | 7 5 6 － |

| 4. 4 3 － | 2 － － － | 1. 1 1 1 4. 4 | 5 2 3 － |

歌词：
军民齐心建设 锦绣江山。
迎来五洲四海

红 旗 展。

（八一电影制片厂供稿）

野营训练好

影片《野营训练好》主题歌

1=♭B 2/4

```
(1 - | 1̇5̇1̇ 3̇1̇3̇ | 5̇ - | 5̇ - | 1̇ -
1̇6̇1̇ 4̇1̇4̇ | 6̇ - | 6̇ - | 5̇· 5̇5̇ | 5̇3̇ 1̇3̇
5̇· 5̇5̇ | 5̇3̇ 1̇3̇ | 2̇ 5̇ | 6̇ 7̇·5̇ | 1̇ 0 )
```

```
5  3·5 | 1̇ - | 2̇ 1̇·2̇ | 5 - | 6· 5 | 6 3
```
1. 军 号 响,   战 鼓 敲,   歌 声 嘹 亮
2. 战斗的 路,   革 命的 道,   一 轮 红 日

```
2̇ 1̇ | 2̇ - | 5·5 1̇2̇ | 3̇ - | 2̇ 1̇2̇ | 6 -
```
冲 云 霄。   毛泽东思 想   金 光 闪,
当 空 照。   发扬我 军   老 传 统,

```
1̇·6 5̇5̇ | 3̇ 2̇ | 3̇ - | 3̇ 0 | 3̇ 3̇ | 6· 7̇
```
千里野营 红 旗 飘。   攀 登 高 山
走向农村 大 学 校。   军 民 同 忆

```
1̇ 7̇2̇ | 6 - | 3· 5 | 3̇ 2̇ | 1̇ 6̇1̇ | 5 -
```
走 险 路,   铁 脚 踏 遍 路 千 条,
阶 级 苦,   官 兵 同 练 斗 志 高,

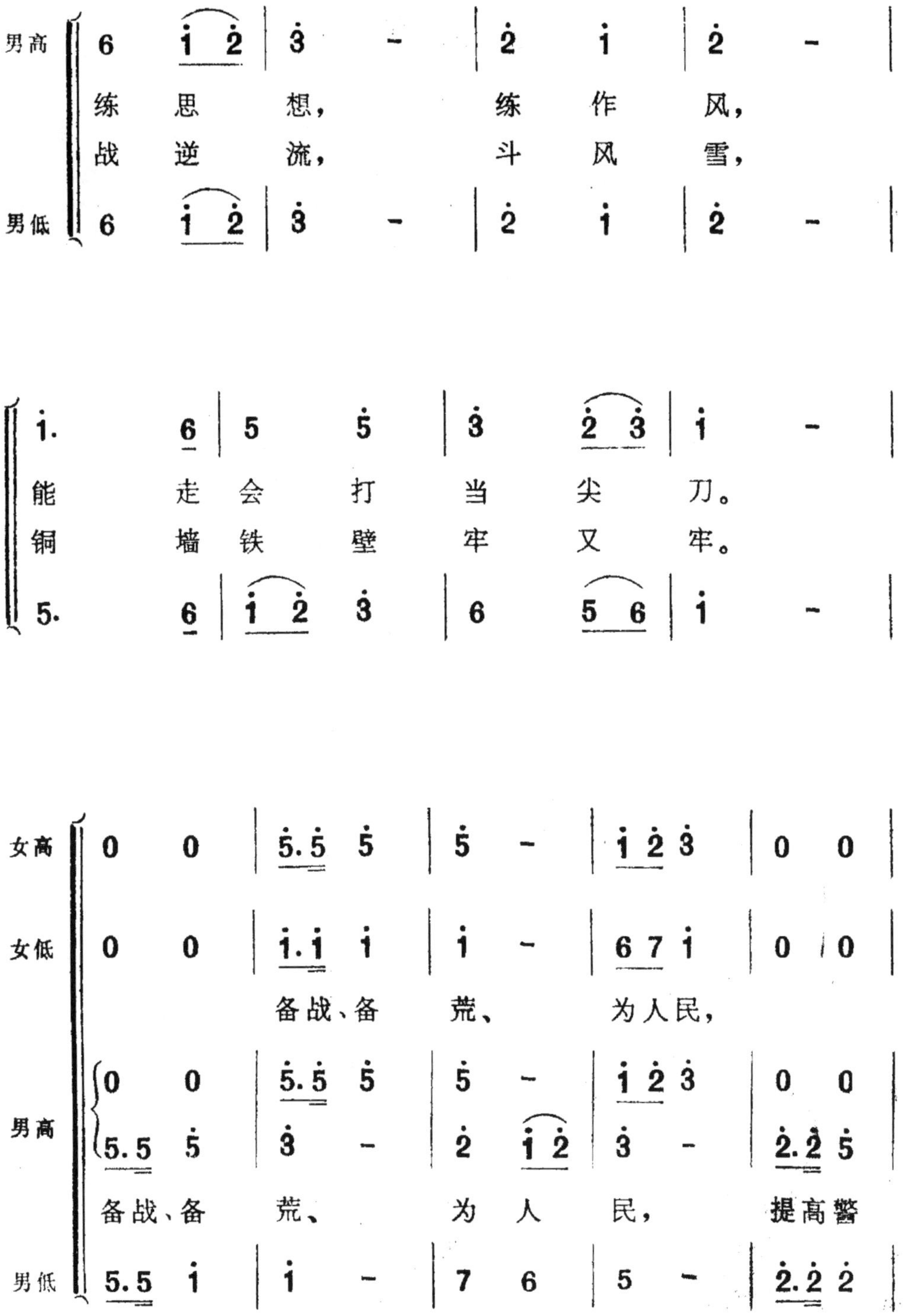
男高
练 思 想， 练 作 风，
战 逆 流， 斗 风 雪，
男低
能 走会打当尖刀。
铜 墙铁壁牢又牢。
女高
女低
备战、备荒、为人民，
男高
备战、备荒、为人民，提高警
男低

提高警惕 把国保。毛 主席 革命路线

惕 把国 保。

来 指 引， 野 营 训 练 好。

野 营 练 训 好。

（八一电影制片厂供稿）

英雄的赞歌

影片《英雄儿女》选曲

独唱、合唱

1=♭E 4/4

深情而壮美地 稍慢

歌词：

1. 风烟滚滚　　唱英雄，四面青山侧耳听，侧耳听，晴天响雷敲金鼓，大海扬波作和声，人民战士驱虎豹，舍生忘死保和平！

2. 英雄猛跳　　出战壕，一道电光裂长空，裂长空，地陷进去独身挡，天塌下来只手擎，两脚熊熊踏烈火，浑身闪闪披彩虹！

3. 一声喊叫　　炮声隆，翻江倒海天地崩，天地崩，双手紧握爆破筒，怒目喷火热血涌，敌人腐烂变泥土，勇士辉煌化金星！

广阔地

女高　5 3 5 6 1. 65 | 3 5 6 6 1.2 | 3 — 3 6 5 6 |

女低　0 3 3 3 3 — | 1 — 6 1.2 | 1 — 1 1 7 6 |
为什么战　　旗　美如　画，　英雄的

男高　0 3 5 6 5 — | 6 — 4 3.2 | 5 — 5 6 5 3 |

男低　0 1 1 1 1 — | 6 — 4 3.2 | 1 — 1 3 2 1 |

i 3 3 5 7. 6 | 5 — 5 5 6 i | 2. 3 i 7 6 5 |

3 1 7 1 5. 3 | 2 — 2 5 6 5 | #4. 5 6 5 #4 3 |
鲜 血 染 红 了 它；　为什么 大 地 春 常

i 6 5 2. i | 7 — 7 5 i 7 | 6. i 3 2 |

6 1 5 5. 5 | 5 — 5 5 4 3 | 2. 3 6 5 |

渐慢　　　　　　　　　　　　　　　　原速反复

6 — 6 6 i 2 | 3 — 7. 6 5 3 5 6 i | 2 3 2 1 2 3 | i — — — :

4 — 4 3 6 7 | 5 — 5. 6 5 3 2 3 5 7 | 6 5 — — — :
在，　英雄的生 命 开 鲜　　　花。

i — i 6 i 2 | 3 — 3 — | 3 i {2 — | 3 —
{2 7 6 5 | i — — — :

4 — 4 3 6 7 | i — 3 — | i 6 {7 6 | 5 — — — :
{5 — | 1 — — — :

（长春电影制片厂供稿）

学习越南小英雄

儿童歌曲

吴宏和词
戈 平曲

1=F 2/4

有力地 稍快

1 5 | 3 3 1 | 2.1 2 6 | 5 - | 6 5 | 4 3 2 |
越南　小英雄，战斗真英勇，　路上　埋地雷，

2.3 2 1 | 2 5 | 3. 0 | 1 5 | 3 3 1 |
炸得鬼子飞天空。越南　小英雄，

2.1 2 6 | 5 - | 6 5 | 4 3 2 | 2.3 2 1 |
战斗真英勇，　田边　埋竹签，刺得鬼子

2 5 | 1. 0 ‖ 1.1 5 5 | 3 3 1 0 | 2.1 2 6 |
乱哄哄。我们中国红小兵，学习越南

5 5 5 0 | 1 7 6 | 5 3 | 2.2 3 5 | 6 - |
小英雄，敢于斗争敢于胜利，

1.6 5 3 | 2 0 5 0 | [1.] 5 0 ‖ [2.] 1 0 5 5 | 1 0 0 ‖
革命路上向前冲！冲，向前冲！

73

我们和小松树一块长起来

儿童歌曲

朱　力词
傅郁斌曲

1＝D 2/4

（5 1̇ 1̇ 1̇ | 6 1̇ 5 | 5 53 5 1̇ | 5 0 53 | 3 3 25 |

1 0) | 5 1 1 | 3 56 5 | 6.5 31 | 2 32 2 |

1. 张小 红，　李小 蕾，　蹦蹦 跳跳　上山 来，
2. 栽得 好，　栽得 快，　小小 松树　排成 排，
3. 阳光 照，　雨露 洒，　小树 快快　长成 材，

5.1 11 | 45 6 | 53 21 | 5 － | 5 1̇ 1̇ 1̇ |

锄　头呀 扛在 肩，　树苗 抱在　怀，　　啦啦啦啦啦
向　我呀 招招 手，　向呀 向我　笑，　　啦啦啦啦啦
我　们要 好好 学习，天天 向　上，　　啦啦啦啦啦

6 1̇ 5 | 55 35 1̇ | 5　53 | 33 25 | 1 － :|

啦啦 啦，　山坡坡上　面 呀　把呀 把树　栽。
啦啦 啦，　青青的叶　叶 呀　迎呀 迎风　摆。
啦啦 啦，　我们和小 松 树 呀　一块 长起　来，

结束句

55 35 5 1̇ | 5　53 | 65 35 | 1̇ － |

我们和 小 松 树 呀　一块 长起　来。

图 书 书 片

书 号：

书名： 革命歌曲选 3

种类： ＜文艺＞

页数： 十9

定价： 0.18

天津针织机械钢跳厂

 1973

3

上海人民出版社

工 农 兵 歌 曲

（第 三 辑）

伟大领袖毛主席封：知识分子老九剃字：胡说九道

上海人民出版社

1973年

目 次

向着太阳歌唱

王　森、刘鸿毅词
王　罡　　　　维曲

1=C 2/4

中速
mf

```
 5   5·6 | 5 4  3 1 | 2    3 | 1  -  |
1-4.红  旗   迎着 朝霞  飞      舞，
```

```
 5   6 7 | 1·7  2 1 | 7    6 7 | 5  -  |
 我  们   向着 太阳  歌       唱。
```

f

```
 1   2 | 3  -  | 2  1 | 3   5·7 |
 毛  主  席     领  导   伟  大的
 毛  主  席     领  导   伟大的国
 毛  主  席     领  导   伟大的人
 毛  主  席     领  导   伟大的军
```

```
 6  -  | 1 6 5 3 | 2 2  1 | 5   -  |
 党，   革命 路线 指引 方   向，
 家，   跃进 号角 响彻 四   方，
 民，   意气 风发 斗志 昂   扬，
 队，   古田 决议 永放 光   芒，
```

```
 5  0 | 1·  1 | 2   1 | 7·   5 |
 红    色  航  船   昂    首
 钢    花  吐  艳   麦    浪
 颗    颗  红  心，  连    着
 紧    握  钢  枪，  继    续
```

79

6	6	0 1̇	7̂6	5	3	5	5̂ 5̇6î

向　前，　乘风　破　浪　不　可阻
滚　滚，　万里　河　山　灿　烂辉
北　京，　反帝　反　修　志　坚如 (7 6 6)
革　命，　钢铁　长　城，　屹立在东

2̇	∨5	4/4 ff 3	- 3̇2̇ î7	6	3	5	7

挡。　万　　岁！　伟大的　领　袖　毛　主
煌。
钢。
方。

6	-	- 6	2̇	- 2̇3̇2̇î	7	5	î 2̇

席，　万　　岁！　伟大的　领　袖　毛　主

3̇	-	2̇3̇ mf	2̇. î7	66	5	6	3 ∨55

席，　您是我　们心　中的　红　太　阳，您是

6 î ff 4 3	2̇. 5̇2̇	3̇	î - - -

我　们　心　中　的　红　太　阳。

万岁！伟大、光荣、正确的党

茹银鹤、烁　渊词
茹　银　鹤曲

1=D 4/4

进行速度

5	5.5̇ î. 5	4.3 2̂3 1	-	2	2.3 4	6

鲜　红的党　旗威武雄　壮，　铁　锤和镰　刀

```
7·7 6 7 5   -  | 5·5 1   1 7 1 | 2·  1 7  6 1 |
闪耀金  光。      毛主席  是您 亲  手培 育的

5·5 3 5 6   -  | 1·  6 5  3  | 6  -  2·  1 |
中国共产党,      指  引我 们  前  进  在

7·6 5 3 2   5  | 1  -  -  3 2 | 1·  7 6 7 1 2 |
社会主义大  道  上。      继承党  的光荣传

3  -  -  2 3 | 4·4 4 6 5·4 3 5 | 2  -  -  1 1 |
统,    我们 百折不挠无比坚 强;      高举

6·  6 5  4  | 3 5  2  6 7 | 1   2   3   5 |
党  的光辉 旗  帜,我们 反帝 反 修

6 6  3 7  6 7 | 5  -  -  5·5 | 1·  1 7  5 |
斗志 昂 扬;    沿着党  的革 命

6·  7 6  5 6 | 5·5 3 1 2·2 6 | 6   -  5·5 |
路   线,我们 披荆斩棘奔向前 方;    沿着

1·  1 7  5  | 6·  7 6  5 6 | 5·5 3 1 2·2 5 |
党  的革 命 路   线,我们 披荆斩棘奔向前

1  -  3 4 | 5  -  7·5 | 6  -  -  5·5 |
方。  万 岁! 万万 岁!   伟大、

6 5  4·3 2 1 | 3  -  6 | 2  -  -  3·1 |
光 荣、正 确的 党!   万 岁!   万万

2  -  -  5·5 | 3·  3 2  1 | 7  2  6·  6 |
岁!   我们 永 远团 结  战 斗 在

5 3  3  2  6 5 | 1  -  -  -  - ‖
你  的 身  旁。
```

伟大祖国赞歌

（独　唱）

万　涛词
应　炬曲

1=F 4/4

慢　辽阔宽广

（0 3　5 6 ‖: 1　6 5 3 2 1 | 2/4 3 3　5 6 1 |

4/4 3. 1 2　6 7 | 1 5 1 3 6 5 5 3 | 1 5 1 3 5 3 3 1)

3 5 3. 1 6 5 | 5. 3 6 5 1 2 | 3 － － －

1. 朝　霞　染红了海　　洋，
2. 春　天　唤醒了大　　地、

6 5 1. 6 1 2 | 3. 1 7 6 1 | 5　5 1 3 5 6

心　情　似潮水激　荡，　我
锦　绣　江山穿新　装，　我

3/4 1. 2 1 | 7. 3 5 7 6 － － | 5 6 5. 4

唱　一支赞　美的歌，　　歌　唱
唱　一支赞　美的歌，　　歌　唱

（0 5 6 1 |

4/4 3 5 2 － 6 | 6 5　3 2 5 3 | 1 － － 0 |

祖　国　　　更加　繁荣富　强。
祖　国　　　遍地　鲜花开　放。

渐快　　　　　　稍快有力

2/4 2 3　4 5 6 7 | 4/4 1. 3 2. 1 7. 6 5. 4 | 3 1 4 5 6 5 6 7)

1. 1 2　1 － | 7　6. 7 5 － | 1. 1 1　6　5

列车满　载　大　庆　油，　神州高　产
大桥飞　架　跨　天　堑，　长城内　外

稍慢

3 1·62 — ∨	0 5 6 1 5·3 1	5 7·1 2 —
大 寨 粮,	巨 轮 昂 首 奔 五 洲,	
红 旗 扬,	庐 山 松 柏 万 年 青,	

稍快　　　　　渐慢　　　　　慢

2∨1 1 2 1 7·2 6	2 6·7 5 5	3 — — 2
银 燕 长 空 任 翱 翔。	啊!	伟
千 条 江 河 向 海 洋。	啊!	伟

稍快

1· 1 7 3 7	6 — 6 1 2 3	6 6·6 5 1
大 的 祖 国,	是 一 片 跃	进 的 景
大 的 祖 国,	是 一 片 壮	丽 的 景

稍慢　　　　　　　　　　稍快

3 — 3 5 3 5	1 1 7 3 5 7	6 — 6 3 2 1
象, 七 亿 人 民	跟 着 毛 主 席,	前 进 在
象, 七 亿 人 民	跟 着 毛 主 席,	前 进 在

　1.

6· 6 5 3	2 2 1 7 6 1	5 5 1 1 6
社 会 主 义	大 道 上,	前 进 在
社 会 主 义	大 道	

稍慢

5· 3 1 6	5 6 5 3 5 2	1 — 1(3 5 6
社 会 主 义	大 道 上。	

　2.

渐慢

5 — 5 5 6 1	3·2 1 2 1 6	5 3 1 2 6 7	1 —
上, 前 进 在 社 会 主	义 大 道	上。	

井 冈 山 颂

（男声独唱）

史　俊词
朱良镇曲

1=F 2/4

稍慢　庄严地

```
( 5̣ | 1. 2 | 3 12 5̣ 05 | 5 - | 5 3 i.7 |

6. 5 | 2.3 1 7 6 | 2 - | 2 5.5̣ | 3. 5 |
         3

2 12 6̣ | 5̣ 1 4 5 | 6̣ i 7 6 | 3/4 5 6 3. 5 |
```

中速
mf

```
2/4 2 5̣ 3 | 1 - | 1 ) 5 ‖: 3 3 1 |
                              1 我    登上 了
                              2 (我)  登上 了
```

```
3/4 6 5 - | 2/4 5 1 7 6̣ | 5̣ 5.6 | 3 - | 3 1 |
    雄伟    壮丽的井 冈  山，      心
    雄 伟   壮丽的井 冈  山，      心
```

```
                                           f
6. i | 7 65 6 | 2.3 4 6 | 5 - | 5 5 35 |
潮    滚滚 似浪  翻，          毛主
中 的 颂歌 唱不  完，          毛主
```

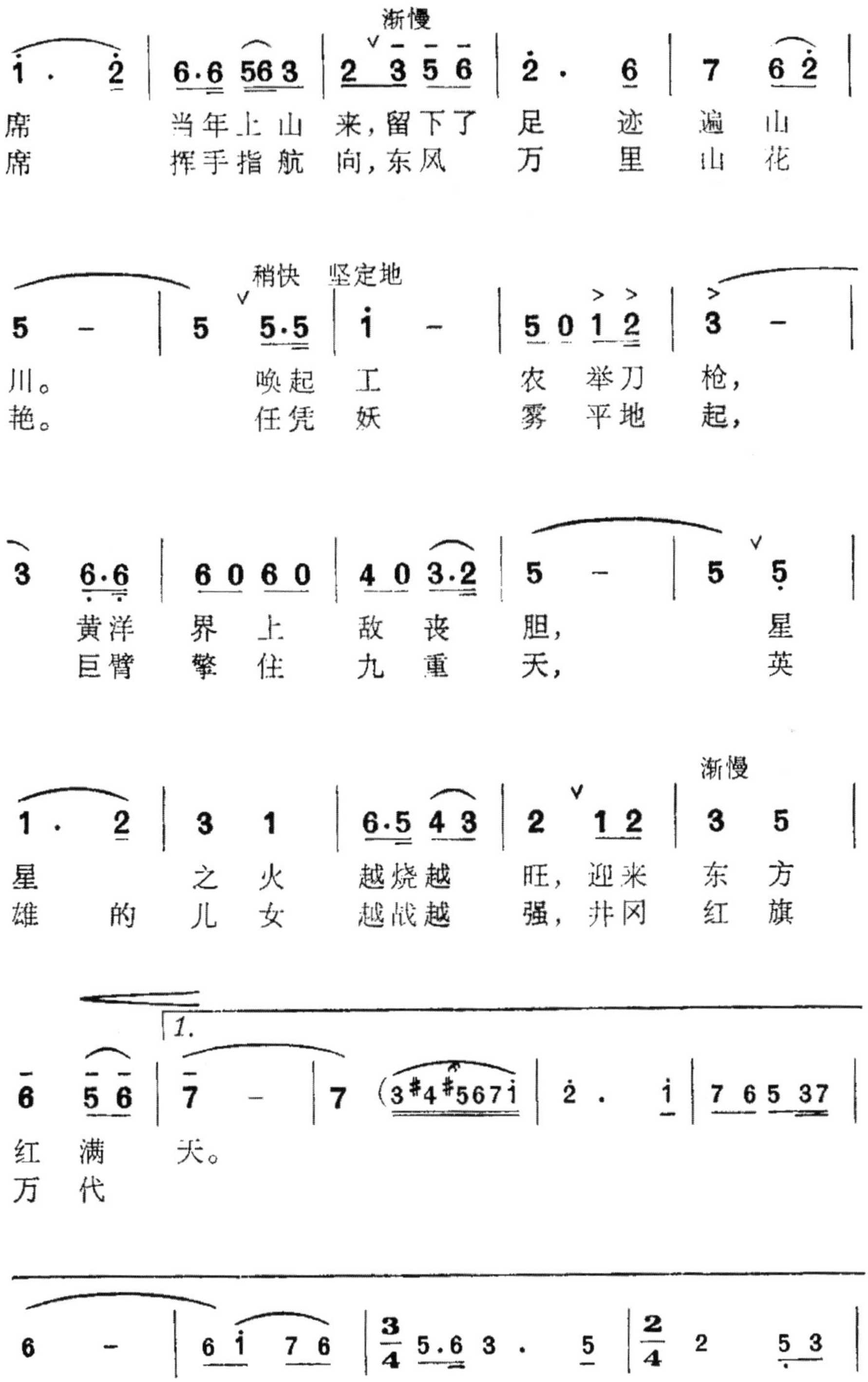
渐慢
席 当年上山来，留下了足迹遍山
席 挥手指航向，东风万里山花
稍快 坚定地
川。 唤起工农举刀枪，
艳。 任凭妖雾平地起，
黄洋界上敌丧胆，星
巨臂擎住九重天，英
渐慢
星之火越烧越旺，迎来东方
雄的儿女越战越强，井冈红旗
1.
红满天。
万代

自由地

| 1 - | 1) 5̣ ‖ 7 - | 7 5 | i - | i 7 i 7 |

2. 我 传。　啊!　雄伟的

(0.4 4.5 | 6)

| 6·3 2 1 1 | 6 - | 6 5 6 | 7· 2 | i·7 6 56 |

井 冈 山，　你是 革　命的摇

(0.♯5 7.2 | 3)

| 3 - | 3 6 | 2̇ - | 2̇ 3̇ 2̇ 6 | i 7 6 7 |

篮，　　啊!　　壮丽的 井 冈

(0 5 5 5 5 | 5)

稍快

| 5 - | 5 5·5 | i 7·5 | 6 3·3 | 6 5·6 |

山，　你是 革 命的 山，你是 英 雄的

渐慢

| 2 5·5 | 1· 2 | 3 2 1 | 4 2 6 |

山，祖国 人 民 纵情　为你 歌

| 6 - | 6 5 6 | 7· 3 | ³⁄₄ 5 2· 3 |

唱，　　跃马 扬 鞭 永 向

| ²⁄₄ i - | i - | i - | i ‖

前。

咱 的 千斤顶

王育忠、申元海词
陈 思 信曲

1=♭A 2/4

有力 自豪

```
5·3 | 3 2 1 | 2·3 1 6 | 5 0 | 3·5 |
```
1. 咱　的　千斤顶，　骨头真是　硬，　　咱　的
2. 咱　的　千斤顶，　骨头真是　硬，　　咱　的

```
6 6 6 | 1·7 6 1 | 2 0 | 5·5 | 5 5 |
```
千斤顶，　骨头真是　硬，　　不　怕　困难
千斤顶，　骨头真是　硬，　　铁　肩　抢挑

```
3 1 2 | 3 - | 6·1 | 2 2 | 4·3 2 1 |
```
重　如　山，　迎　着　胜利　向　前
革　命　担，　双　手　能把　钢　山

```
2 5 | 5 - | 5 - | 3 3 5 | 6 6 |
```
进。哎　嗨!　　　　咱给　你　加　足
擎。哎　嗨!　　　　咱给　你　加　足

```
5 1·2 | 3 | 2 2 3 | 5 3 | 2 6·1 |
```
大　庆的　油，　咱给　你　插上　跃　进的
大　庆的　油，　咱给　你　插上　跃　进的

1.
```
2 5·5 | 5·5 | 6 6 | 3·1 2 | 1 0 |
```
旗，要为　祖　国　建　设　出力　量。
旗，要为

2.
```
5 - | 6 - | 3·1 2 | 1 0 |
```
人　　民　　立新　功。

我为革命炼好钢

上钢三厂文艺小分队词曲

1=F 2/4

稍快 有力

```
5·5 6 | 5 - | 3·1 2 3 | 5 - | 1 1 1 7· |
1 钢铁工   人     斗 志 昂，      挥汗奋战
2 钢铁工   人     意 气 扬，      夺钢大干

6· 6 | 5 - | 5 - | 3 6 6 | 6 - |
在 炉   旁。       举 大庆 旗，
凯 歌   响。       团结 一 心，

5 6·5 | 2 - | 5·5 6 1 5 | 2 3 | 1 - | 1 5· |
走 大庆 路， 誓为祖国 争 荣 光。      钢
努力 战   斗， 多为人类 出 力 量。

4/4 3 - - 2·3 | 1 - - 7 6 | 5· 1 2·2 6 |
花     漫天 舞，  迎来 祖 国 遍地春

5 - - 3 | 6 - - 5·6 | 2 - - 4 3 |
光，     炉 台   飞红 霞，    冲破

2 6 5·5 2 3 | 1 - - 5 5 | 3· 3 2 1 2 |
烟 云， 前程宽 广。      我为 革 命多 炼

5· - - 3 3 | 6· 6 5 | 2 4 | 3 - - 5 5 |
钢，     我为 革 命炼 好 钢。      跟着

1.
1 - 7 6 | 5 4 5 6 | 2 2 6 6 5 | 2 3 |
领 袖   毛 主 席， 永远革命向 前

2.
1 - 0 : 5 4 5 6 2 2 | 6 5 3 5 6 7 | 1 - - - ||
方。   毛 主 席，永远 革命 向 前 方。
```

电焊姑娘

（女声独唱）

茅晓峰词
柴本尧曲

1=G 2/4

稍快 自豪地

（5 4 | 3 5 1 | 2 2 2 3 | 5 i 7 i | 2 - | 2. i 7

6 2 7 6 | 5. 1 ‖: 4 3 2 3 | 1.5 6 7 | 1 3） 5.4

　　　　　　　　　　　　　1 送走
　　　　　　　　　　　　　2 惊雷

3 5 1 | 2.3 1 2 | 5 - | 5 1.3 | 6 5 4

满天 的 星 斗， 迎来 金色 的
为我 鼓 掌， 暴风 为我

3 5.6 | 2 - | 2 1 1 | 6. 7 | i 5.6

朝 阳， 我用 一 支 神 奇的
歌 唱， 我用 一 双 灵 巧的

3 6 7 | 1. 2 | 3 2.1 | 7. 2 | 6 2 7 6 |

笔，描画 祖 国 壮 丽 的 景
手，挥写 自 力 更 生 的 新 篇

（0 1 1 1 1 | 0 1 1 1 1）

5 - | 5 5.4 | 3 5 1 | 4 3 2 3 | 1 - | 1 0

象， 描画 祖国 壮丽景 象。
章， 挥写 自力更生的 新 篇 章。

（3.4 5 1 1）

6·6 6 7 | 1 6 | 5 4 2 | 3 — | 6·6 6 7

架起长虹 飞跨 大 江， 造出巨轮

盖起厂房 机声轰 鸣， 竖起井塔

1 5 | 4 3 2 1 | 2 — | 3 3·2 | 1 3·1

四 海 远 航， 焊 雨是 胜 利的

引 出 油 浪， 钢 板上 刻 下

稍慢   原速

7 5 3 | 6· 7 | 1 7 1 | 2 1 7 | 6 2 3 #4

火 花， 电弧象 青 春在 闪

豪 言， 焊缝里 熔 进 力

5· 5 | 1· 7 | 2 1 7 5 | 6· 3 | 6· 3

光。 啊！ 电弧象 青 春在 闪 啊！

量。 啊！ 焊缝里 熔 进 力 啊！

激昂地

6·1 7 6 | 7 — | 7 — | 1· 1 | 5·6 3

中 华 儿 女

为 人 类 解 放

1.

6 0 5·4 | 3 0 1 0 | 2·2 2 3 | 5 1 7 1 | 2 — | 2 | 1 7

壮 志 满怀， 要把祖国建 设 得

日 夜 战斗， 我是 杆永远闪

(5 4 | 3 5 | 1)

2.

6 2 7 6 | 5 1 | 4 3 2 3 | 1 — | 1 | 2

更加富 强， 更加富 强。 亮

稍慢

2· 1 7 | 6 2 7 6 5 | 1 — | 1 — | 1 — | 1 0

的 焊 枪。

我当上了清洁工

（女声表演唱）

1=C 2/4

闸北区清洁管理站文艺小分队词
李　振　岭曲

欢快、自豪地

‖:(1.2̇1̇7 6765 | 3532 1212 | 3²3 3²3 | 3²3 3²3 | 2.3̇2̇1̇ 6165 |

3532 1 23 | 5⁴5 5⁴5 | 5⁴5) 05 | 66535 | 6. 3 |

1. 我　当上了清洁　工　　嗨！
2. 我　当上了清洁　工　　嗨！
3. 我　当上了清洁　工　　嗨！

2·3̇ 1̇5 | 6 0 | 2̇2̇ 1̇ | 6·1̇ 65 |

心里　乐融　融，　　接过　了　革命　班
心里　乐融　融，　　推着　　大粪　车
心里　乐融　融，　　驾驶　着　垃圾　车

36 52 | 3 — | 53 5 | 6. 1̇ |

发扬　好传　统，　　苦不　怕
积肥　忙支　农，　　脏不　怕
过街　穿里　弄，　　雨不　怕

2·3̇ 1̇6̇ | 3 — | 03̇ 2̇3̇ | 5. 3̇2̇ |

累　不　怕，　　毛　主席　教
臭　不　怕，　　工　农
风　不　怕，　　豪　情　满

$\dot{1}$ － $|$ $\overgroup{6\ \dot{3}}$ $\overgroup{2\ 6}$ $|$ $\overgroup{\dot{1}\cdot 2}$ $\underline{7\ 6}$ $|$ $5(\underline{56}$ $7\dot{2}76$ $|$

导 记 心 中， 记心 中。
家 怀 情 意 重， 情意 重。

力 无 穷， 力无 穷。

$5\overset{\cdot}{5}5$ $5\overset{\cdot}{5}5)$ $|$ $\underline{3\cdot 2}$ $\underline{3\ 5}$ $|$ $\overgroup{6\dot{1}\ 5}$ $6(\underline{66}$ $|$ $6\dot{1}53$ $6\ 66)$ $|$

工作 平凡 意义 大，
工农 携手 向前 进，
愿把 青春 献给 党，

$\underline{\dot{2}\ \dot{2}\ \dot{3}\ \dot{2}\ \dot{1}}$ $|$ $\underline{7\ 6\dot{1}}$ $5(\underline{56}$ $|$ $\underline{\dot{2}\dot{3}\dot{2}\dot{1}}$ $\underline{7\ 6\dot{1}}$ $|$ $5)5$ $\underline{3\ 5}$ $|$

为人民服务 最光 荣。 工 作
建设 祖国 打冲 锋。 工 农
继续 革命 立新 功。 愿 把

6 $\dot{1}$ $|$ $\underline{2\cdot 3}$ $\overgroup{\dot{1}\ 6}$ $|$ $\dot{3}$ － $|$ $0\ \dot{3}$ $\underline{2\ 3}$ $|$

平 凡 意 义 大， 为 人民
携 手 向 前 进， 建 设
青 春 献 给 党， 继 续

$\underline{5\cdot}$ $\underline{\overgroup{32}}$ $|$ $\dot{1}$ － $|$ $\overgroup{6\ \dot{3}}$ $\overgroup{2\ 6}$ $|$

服 务 最 光
祖 国 打 冲
革 命 立 新

1.2. $||$ **3.**
$\underline{\dot{1}\cdot}$ $(\underline{\dot{1}\dot{1}}$ $:||$ $\dot{1}$ － $|$ $\dot{1}$ 0 $||$

荣。 功。
锋。

我要做个新社员

（独　唱）

尹延斌词
臧东升、张井源曲

1=F 2/4

明快地

$(\dot{1}\cdot\dot{1}\dot{1}\dot{1}\mid 6535\mid 2\cdot\dot{1}\mid 7\mid 65\mid\dot{1}\,2\dot{3}\dot{1}2\dot{1}5\mid 6\,6\dot{1}6\dot{1}65$

$(\dot{1}\dot{2}\mid\dot{1}\dot{2}65\;3235\mid6\;0)$

$3\;353532\mid1\;)\;6\cdot5\mid6\;-\mid6\;-\mid6\;\dot{1}\mid5\cdot632$

1. 公　　社　　　　　　　的　　红
2. 公　　社　　　　　　　的　　大

$(6\mid5653\;2123\mid5\;0)$

$1\;\;6\mid2\cdot3\mid5\;\;\dot{1}6\mid55\cdot5\mid5\;-\mid5\;\dot{1}$

花　道　开多　满宽　坡阔哎，　　　　　公
　　　　　　　　　　　　　　　　　　公

$(23\mid656\dot{1}\;3212\mid3\;0)$

$3\;-\mid3\;-\mid3\;5\mid6\cdot\dot{1}32\mid1\;6\mid5\cdot3$

社　　　　　　　的　渠　水　荡
社　　　　　　　的　红　旗　红

$2\;36\;5\mid5\;-\mid5\cdot5\mid1\;1\mid2\;2\mid1\;765$

清　　波。　我中　学毕　业到　农
似　　火。　我扎　根农　村炼　红

$6(53235\;6)165\mid1\cdot235\mid6\;-\mid6\;\dot{1}\mid2\;\;\;\;\dot{1}$

村，　　开始　了战　斗　　　的　新
心，　　反修　防修　　　　　不

$$(\underline{1} \, \underline{5} \, \underline{6} \, \overset{.}{1})$$

$$7 \quad \underline{6 \, \overset{.}{1}} \quad 5 \quad - \mid 5 \quad 3 \quad \underline{6 \, 6 \, \overset{.}{1}} \mid \underline{5 \, 3 \, 2 \, 5} \mid 1 \quad - $$

生　活，　　　战斗的新生　活。

变　色，　　　反修防修不变　色。

$$\underline{2 \, 3 \, 5 \, 6}$$

$$1 \quad - \mid \overset{.}{1} . \, \underline{\overset{.}{2}} \mid \underline{\overset{.}{1} \, 7 \, 6 \, \overset{.}{1}} \mid 5 . \, \underline{6} \mid 5 \quad 3 \mid \underline{6 \, \overset{.}{1} \, 2 \, 6}$$

$$\underline{5 \, 3 \, 2 \, 5} \mid 1 \quad - \mid 1 \quad 0) \, 3 \quad \underline{2 \, 3} \mid 5 \quad - \mid 5 \quad -$$

春　风　里

老　支　书

$$\overset{.}{1} \quad \underline{6 \quad 5} \mid \underline{3 \, 6 \, 5} \mid (\underline{3 \, 2 \, 3 \, 6 \, 5}) \mid 6 \quad \underline{5 . \, 6} \mid \overset{.}{1} \quad - \mid \overset{.}{1} \quad -$$

下田　　学插秧，　阳　光　下

给我　　讲家史，　阶　级　仇

$$\overset{.}{1} \quad \underline{6 \quad 5} \mid \underline{1 \, 2 \, 3 \, 2} \mid (\underline{1 \, 2 \, 3 \, 5 \, 2}) \mid 3 \quad \underline{2 . \, 3} \mid \overset{.}{1} . \, \underline{5} \mid 1 \quad 2$$

送肥　　学推车，　干　活　磨起　两　手

永远　　记心窝，　战　天　斗地　学　大

$$3 \quad 5 \mid 0 \, \underline{6 \, 5 \, 3} \mid 5 \quad \underline{6 \, \overset{.}{1}} \mid \overset{.}{2} \quad - \mid \overset{.}{2} \quad -$$

茧，　田头我　唱起

寨，　努力献　出

$$3 . \, \underline{5} \mid \underline{\overset{.}{2} . \, \overset{.}{1}} \, \underline{1 \, 6} \mid 5 \quad - \mid 5 \quad - \mid \overset{.}{1} \quad \overset{.}{1}$$

丰　收　歌，　　　　我要

光　收和　热，　　　我要

$$\overset{.}{2} \, \overset{.}{2} \quad \overset{.}{1} \mid \underline{6 . \, \overset{.}{1}} \, \underline{5 \, 3} \mid 6 \quad - \mid 0 \, \underline{\overset{.}{1} \, 6 \, 5} \mid 1 \quad \underline{2 \, 5}$$

做个　　新社　员，　　心红　手

做个　　新社　员，　　心红　手

$$3 \quad - \mid 3 \quad 5 \mid 2 \quad \overset{.}{1} \mid 7 \quad \underline{6 \, 5} \mid \overset{.}{1} \quad - \mid \overset{.}{1} \quad 0 \parallel$$

巧　　　绣　山　河。

巧　　　绣　山　河。

向前飞，人民的航空兵

7341 部队战士演出队词曲

1=G 2/4

进行速度

```
(5. 55 | 5. 55 | 5.6 5 4 | 3   2 |  1 55 6 7 |
 1  1.1 | 1   0 ) ‖: 5. 5 | 3  2 | 1.1 2 1 |
```

1. 银 燕 展 翅， 马达轰
2. 银 燕 展 翅， 马达轰

```
5  - | 6 6 5 | 1 1 2 | 3.1 2 | 5  - |
```

响， 人民 的 航空兵 锐不可 挡。
响， 人民 的 航空兵 红心向 党。

```
3  - | 6. 1 | 5.5 6 | 3  - | 2. 3 |
```

冲 破 急风暴 雨， 穿消
搜 索 空中强 盗， 消

```
4  6 | 5.4 3 2 | 5  - | 1 1 2 | 3  2 |
```

越 雾海云 浪， 严格 训练，
灭 入侵豺 狼， 耳听 祖国

```
1.7 6 | 6  0 | 2 2 3 | 5  4 | 3.2 1 2 |
```

严格要 求， 阶级 仇 恨 牢记心
跃进步 伐， 眼观 世 界 革命风

```
3  0 | 5  5 | i. i | 6 5 3 | 6 5 6 |
```

上， 披 星 戴 月 练 兵 忙，蓝天
浪， 时 刻 握 紧 手 中 枪，蓝天

```
7  - | 6  - | 5  2 3 | 1  - |
```

万 里 任 翱 翔。
万 里 筑 铜 墙。

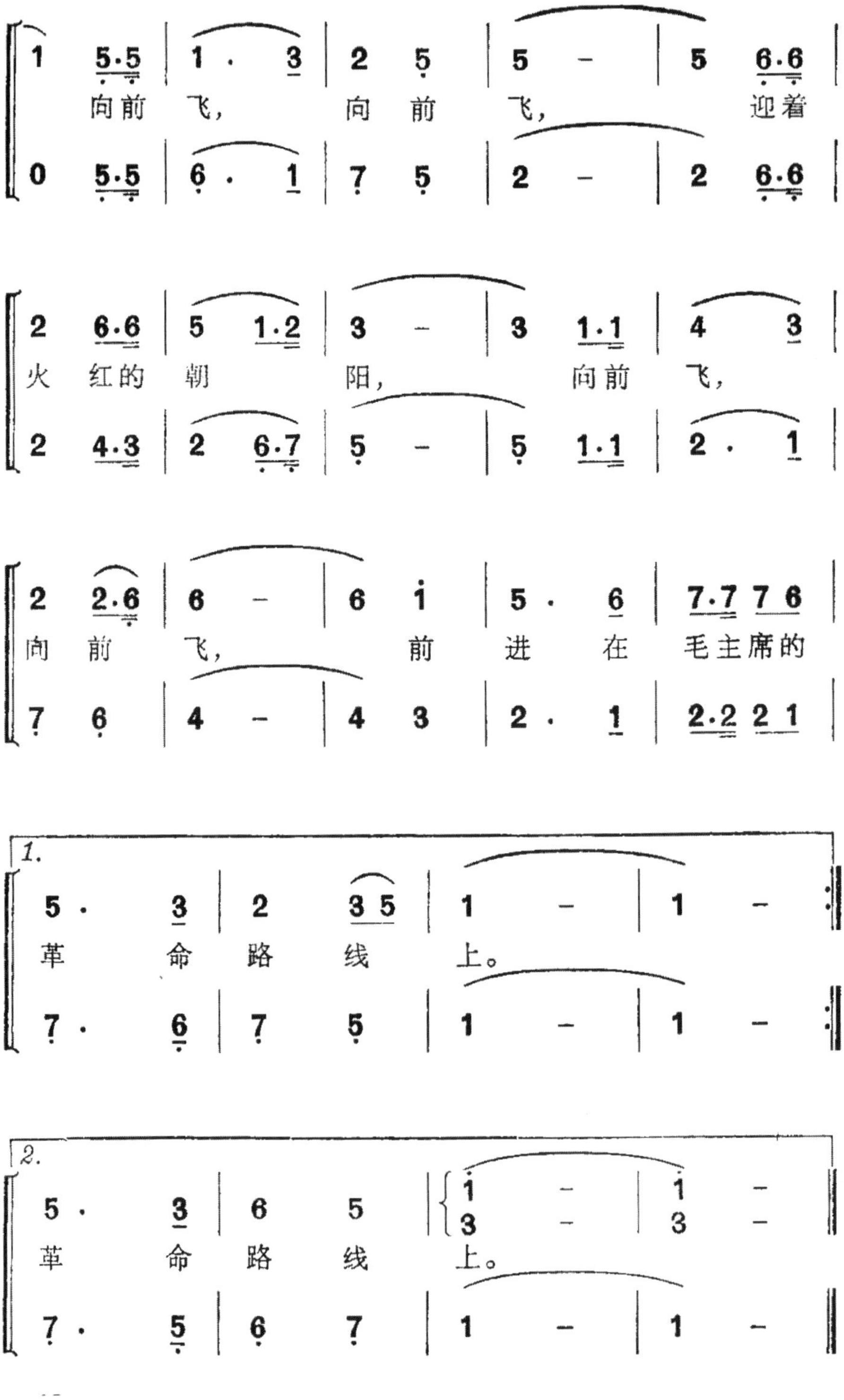
向前飞，向前飞，迎着
火红的朝阳，向前飞，
向前飞，前进在毛主席的
1.
革命路线上。
2.
革命路线上。

我为祖国守大桥

（男声独唱）

宇　晓词
田　歌曲

1=C 2/4

（1 11 2 1 | 1 11 2 1 | 5 55 6 5 | 5 55 6 5 | i ii 2 i |

i ii 2 i | i 0 i 2 ‖: 3. 2 | i 6 | 5 —

5 67 | i. 6 | 5432 | 1 6 5 3 | 1 0）5 6
　　　　　　　　　　　　　　　　　　　　　万里

5. 3 | 1 i | i — | i i2 | 3. 2 |
蓝 天　　彩 云　　飘，　　万里　长 江

i 7 6 2 | 5 — | 5 333 | 6. i | 7 6 5 3 |
浪 滔　滔。　　火红的　太 阳　心 头

6 — | 6 i6 | 5 4 | 3.5 2 | 3 |
照，　　我 为　祖 国　守 大　桥。

3 555 | i 5 | i 2 | 3 | 3 — |
火红的　太 阳　心 头　照，

（0 1111 |

0 2 i | 7 — | 6 0 | 5 2 3 | 1 — |
我 为　祖　　国　守 大 桥。

97

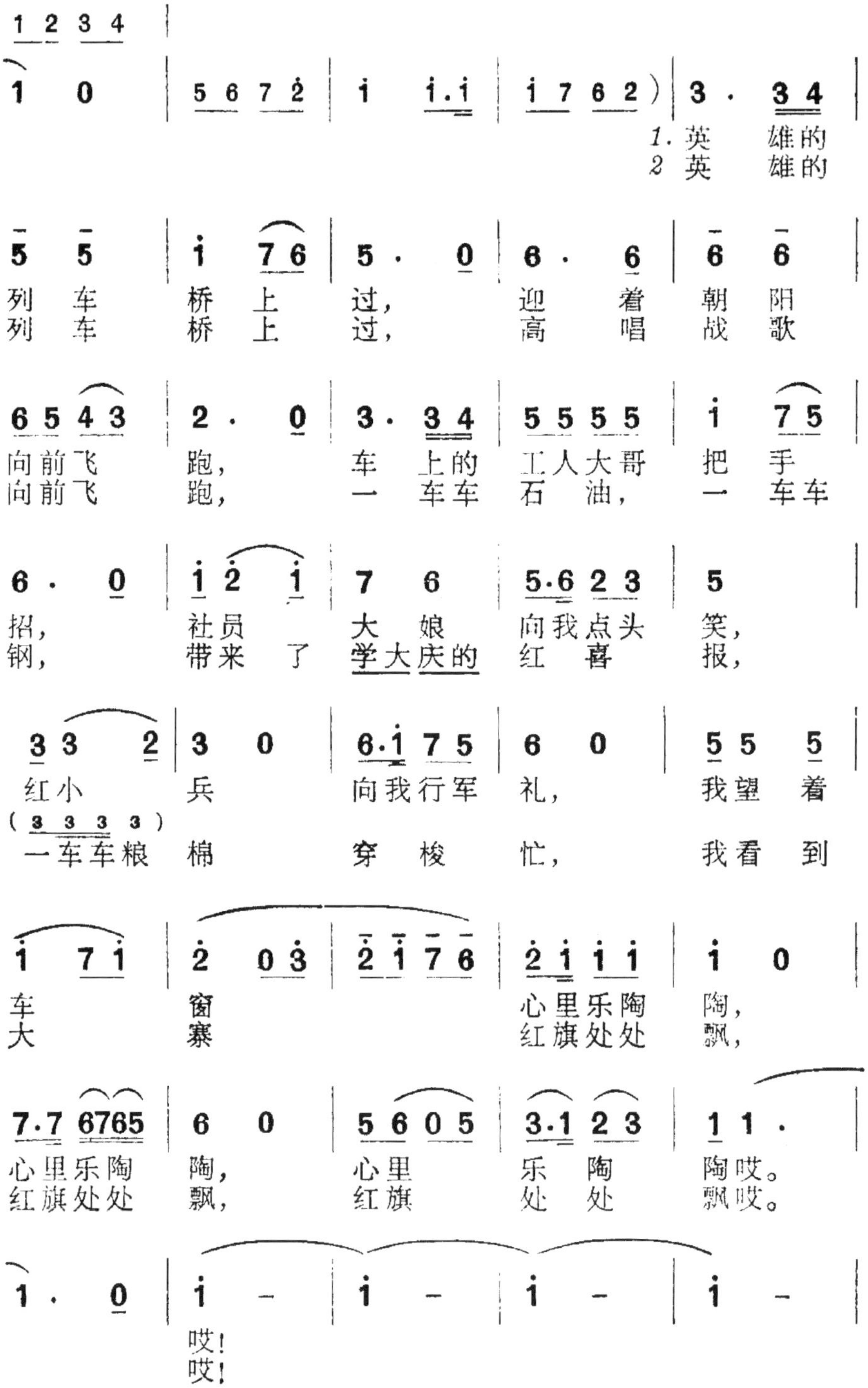

1.英 雄的
2 英 雄的
列车 桥上 过， 迎着 朝阳
列车 桥上 过， 高唱 战歌
向前飞 跑， 车上的 工人大哥 把手
向前飞 跑， 一车车 石油， 一车车
招， 社员 大娘 向我点头 笑，
钢， 带来了 学大庆的 红喜 报，
红小 兵 向我行军 礼， 我望着
一车车粮 棉 穿梭 忙， 我看到
车 窗 心里乐陶 陶，
大 寨 红旗处处 飘，
心里乐陶 陶， 心里 乐陶 陶哎。
红旗处处 飘， 红旗 处处 飘哎。
哎！
哎！

3 3 3　5 5 ｜ 6 6 6 5 5 ｜ 2̇ 1　7 6 ｜ 5 4　3 2 ｜

人民的 列车，　革命的 列车，　驾着 时代　风云 向前

战斗的 列车，　光荣的 列车，　向着 共产　主义 飞快

1　2　3　5 ｜ 6　－　6　－ ｜

飞　　　　　　　跑，

奔　　　　　　　跑，

6 6　3 3 3 ｜ 1̇ 1̇　6 6 ｜ 2̇ 1　7 6 ｜ 5 4　3 2 ｜

飞到 祖国的　首都 北京，　代我 向　毛主 席

飞遍 祖国的　城镇 乡村，　代我 向　全国 人民

5　6 ｜ 7　1̇ ｜ 2̇　－ ｜ 2̇　－ ｜

把　　决 心　表：

把　　决 心　表：

3 3 3 4 ｜ 5 5 5 0 ｜ 6 6 6 1̇ ｜ 7 5 6 0 ｜ 5 5 6 5 ｜

革命战士　紧握枪，　保卫祖国　立功劳。　革命战士

革命战士　紧握枪，　永为人民　立功劳。　革命战士

1̇　2̇ ｜ 3̇　－ ｜ 3̇　－ ｜ 0 2̇　3̇ ｜ 2̇　1̇ ｜

紧握　枪，　　　　保卫　祖国

紧握　枪，　　　　永为　人民

1. 　　　　　　　　　　　　　　　2.

0 5　1̇ ｜ 2̇.1̇ 2̇ 3̇ ｜ 1̇ 1̇.　1̇ ｜ 1̇　－ ‖：2̇.1̇ 2̇ 3̇ ｜

立　　功　　劳哎。　　　　　　　　　功

立

(1̇ 2̇

3̇　－ ｜ 1̇ 1̇.　｜ 1̇　－ ｜ 1̇　－ ｜ 1̇　0 ‖

劳哎。

东海民兵之歌

宝山县横沙公社
文艺创作学习班 词曲

1=G 2/4

进行速度　雄壮、自豪地

5 5 | 5 · 5 | 3 1 | 2321 | 7̣12 |
1. 我们　东　海　民　兵　　朝气蓬勃　威武雄
2.（我们）东　海　民　兵　　百倍警惕　斗志昂

5 — | 5 6̣ 6̣ | 2 · 3 | 4 6 |
壮，　　　　守卫　东　海　前　哨，
扬，　　　　继承　革　命　传　统，

5·5 5 4 | 3·3 2 | 5 — | 5 1 1 |
手持　海螺，　肩挎　钢　枪。　　　生产　又是
军民　联防，　共守　海　疆。　　　生产　又是

6 0 6 0 | 6 0 1̣6 | 5 0 5 0 | 5 0 3 2 |
当　尖　兵，　革命　当　闯　将，　为着
突　击　队，　又是　战　斗　队，　沿着

1 1̣ | 7̣ 6̣ | 5·5 1 3 | 6 — |
全　人　类　的　彻底　解　放，
毛　主　席　的　革命　路　线，

6 — | 1̇ · 1̇ | 6 5 | 3·1 2 |
　　　　千　斤　重　担　挑　肩
　　　　永　远　高　歌

1 — | 1 5 5 : | 3 — | 5 6 | 1̇ — |
上。　2.我们　向　前　方。

文革史料叢刊 100

革命青年之歌

宁　宇词
佘　康、丁钟德曲

$1=^bE$　$\frac{2}{4}$

朝气蓬勃、自豪地

$\begin{array}{c} \underline{\mathbf{1\cdot 1}} \quad \underline{\dot{1}\ \dot{1}} \ \mid\ \dot{1} \qquad\qquad\ \mid\ \underline{\mathbf{7\cdot 7}}\quad \underline{6\ 5}\ \mid\ 6 \qquad -\ \mid \end{array}$

我们　心向　党，　　　　我们　志如　钢，

我们　心向　党，　　　　我们　志如　钢，

$\begin{array}{c} \underline{\mathbf{5\cdot 5}} \quad \underline{5\ 6} \ \mid\ 5 \qquad 4\ \mid\ \underline{\mathbf{3\cdot 2}}\quad \overgroup{\underline{1\ 2}}\ \mid\ 3 \qquad -\ \mid \end{array}$

高举　革命　大　旗，奋勇　前　进，

高举　革命　大　旗，奋勇　前　进，

$\begin{array}{c} \underline{\mathbf{1\cdot 1}} \quad \underline{\dot{1}\ \dot{1}} \ \mid\ \dot{1} \qquad -\ \mid\ \underline{\mathbf{7\cdot 7}}\quad \underline{6\ 5}\ \mid\ 6 \qquad -\ \mid \end{array}$

我们　心向　党，　　　　我们　志如　钢。

我们　心向　党，　　　　我们　志如　钢。

1.

$\begin{array}{c} \underline{\mathbf{5\cdot 5}} \quad \underline{\dot{1}\ \dot{1}} \ \mid\ \overgroup{7 \qquad 6}\ \mid\ 5 \qquad -\ \mid\ 5 \qquad \underline{\dot{1}\ 6}\ \mid \end{array}$

高举　革命　大　　旗，　　　　走在

$\begin{array}{c} \underline{\mathbf{5\cdot 6}} \quad \underline{5\ 4} \ \mid\ 3 \qquad 2\ \mid\ \overgroup{1 \qquad -}\ \mid\ 1 \qquad (\overset{3}{\overgroup{3\ 1\ 3}})\ : \mid \end{array}$

社会　主义　大　道　上。

2.

$\begin{array}{c} \underline{5\ 5} \quad \underline{\dot{1}\ \dot{1}} \ \mid\ \overgroup{7 \qquad 6}\ \mid\ \dot{2} \qquad -\ \mid\ \dot{2} \qquad \underline{\dot{1}\ 6}\ \mid \end{array}$

高举　革命　大　　旗，　　　　走在

$\begin{array}{c} \underline{5\ 6} \quad \underline{5\ 3} \ \mid\ 5 \qquad \dot{2}\ \mid\ \overgroup{\dot{1} \qquad -}\ \mid\ \dot{1} \qquad\qquad \mid \end{array}$

社会　主义　大　道　上。

织 网 歌

（歌 舞 曲）

上海歌剧院集体词
践 耳曲

$\overline{3}$ $\overline{3}$ $\overline{5}$ $\overline{3216}$ | $\dot{3}$ $\dot{2}$ $\overline{3}$ | $\overline{7632}$ $\overline{7}$ $\overline{6}$ | $\overline{565}$ ·

2 一 面面红 旗　　　迎 风 展，
3 万 根 网 丝　　　一 梭子 引，

0　　0 | $\overline{7}$ $\overline{7}$ $\overline{2}$ $\overline{7653}$ | $\overline{5}$ $\overline{6}$ $\overline{3}$ | $\overline{2312}$ $\overline{5}$ $\overline{4}$ |

2. 面面红 旗　　　迎 风
3. 万 根 网 丝　　　一 梭子

$\overline{1\cdot\dot{2}}$ $\dot{3}$ $\dot{5}$ | $\dot{3}$ $\overline{2\dot{3}}$ $\dot{2}$ $\dot{1}$ | $\dot{7}$ $\overline{6756}$ | $\dot{1}$

人 民 公社 歌声　　响 云 天。
共 产 党来 领路　　心 眼 明。

$\dot{3}$ － | $\dot{1}$ $\dot{7}$ $\dot{6}$ $\dot{5}$ | $\dot{3}$ $\dot{2}$ $\dot{3}$ | $\overline{5\cdot\dot{6}}$ $\overline{5435}$ |

展，　　人 民 公社 歌声　　响 云
引，　　共 产 党来 领路　　心 眼

$\overline{1\cdot\dot{6}}$ $\overline{1\dot{2}}$ | $\overline{4\dot{3}}$ $\dot{5}$ | $\overline{6\dot{4}}$ $\overline{3\dot{2}}$ | $\dot{3}$ －

双 手 自 有　　千 斤 力，
网 结 打得　　紧 又 紧，

$\dot{6}$ － | $\dot{5}$ $\dot{3}$ $\dot{5}$ $\dot{6}$ | $\overline{161}$ $\dot{2}$ | $\overline{7\cdot6}$ $\overline{5}$ $\overline{6}$ |

天。　　双 手 自 有　　千 斤
明。　　网 结 打得　　紧 又

$\overline{2255}$ $\overline{3}$ $\overline{2}$ | $\overline{7}$ $\overline{6}$ $\overline{5}$ $\overline{6}$ | $\dot{1}$ $\dot{2}$ |

社 会主义 江山　锦　绣　成，
渔 民 跟党　心　连　心，

$\overline{7}$ $\overline{6}$ | $\overline{5554}$ $\overline{3}$ $\overline{2}$ | $\overline{3}$ $\overline{5}$ $\overline{6}$ |

力，　　社 会主义 江山　锦绣　成，
紧，　　渔 民 跟党　心连　心，

3 3 5 5　6 1 ｜ 3 7　6 5 6 ｜ 5　－ ｜
社会主义 江山　锦 绣 成。
渔 民 跟党　心 连 心。

3 3 5 5　6 1 ｜ 7 5　2 3 ｜ 5　－ ｜

2.
(1 2 3 6　5 6 4 5 ｜ 3 0 4　3 2 ｜ 7 6　5 6 ｜ 1　－) :｜

中速稍快

3.
:(5 3 6 5　3 3 ｜ 1 6 2 1　6 6 ｜ 5 3 6 5　3 3 ｜ 1 6 2 1　6 6

0 5 3 5 ｜ 6 7 6 5 3 ｜ 2　0 3 ｜ 5 3 2 1　6　－)

3 3 6 6 ｜ 5 3 6 5　3 3 ｜ 6 3 4　3 2 ｜ 1　　7 ｜
4 渔家姑娘　笑 盈 盈啊，笑 盈 盈，
5 梭子来回　如飞 燕啊，如 飞 燕，

1 1 3 3 ｜ 1 6 3 2　1 1 ｜ 6 1　3 5 ｜ 6 .　　7 ｜

6 6　3 3 ｜ 2 4 3 2　1 1 ｜ 3 5　7 6 ｜ 5　－ ｜
手拿 梭子 望北 京啊，望 北 京。
战斗的 歌声 唱不 完啊，唱 不 完。

2 2　6 6 ｜ 5 6 5　3 3 ｜ 7　2 3 ｜ 5　－ ｜

$$5 \ 3 \quad 5 \ | \ \widehat{1 \ 7} \ 6 \ 5 \ | \ \dot{2} \quad - \ | \ \dot{2} \ \dot{3} \quad \dot{2} \ \dot{3} \ |$$

万里　　　幸 福 景，　　毛 主 席

$$5 \ 3 \quad 5 \ | \ \widehat{1 \ 7} \ 6 \ 5 \ | \ \dot{2} \quad - \ | \ \dot{2} \ 5 \quad 6 \ 7 \ |$$

$$\dot{5} \quad \dot{1} \ | \ 7 \quad 6 \ | \ \dot{5} \quad - \ | \ \dot{5} \ \dot{5} \quad \dot{4} \ \dot{5} \ |$$

恩 情　织 不　尽，　　毛 主 席

$$\dot{3} \quad 6 \ | \ 2 \quad \widehat{3 \ ^{\sharp}4} \ | \ 5 \quad - \ | \ 5 \ 2 \quad \dot{2} \ \dot{2} \ |$$

$$\dot{6} \quad \dot{2} \ | \ \dot{4} \quad - \ | \ \dot{4} \quad \dot{3} \ 0 \ | \ \dot{2} \ \dot{2} \quad 0 \ \dot{5} \ |$$

恩　情　　　　织呀

$$\dot{4} \quad 6 \ | \ \dot{2} \quad - \ | \ \dot{2} \quad \dot{1} \ 0 \ | \ 5 \ 5 \quad 0 \ 7 \ |$$

$$\widehat{\dot{4}.\dot{5}} \ \dot{3} \ \dot{2} \ | \ \dot{1}. \quad \dot{2} \ | \ \dot{3} \ 7 \quad \widehat{0 \ 5 \ 6} \ | \ 5 \quad - \ |$$

织 不　尽，　　织 不　尽。

$$6 \quad \widehat{5 \ 6} \ | \ 5 \ 3 \quad 5 \ | \ 7 \quad \widehat{2 \ 3} \ | \ 5 \quad - \ |$$

$$(\widehat{5 \ \dot{3} \ 6 \ 5} \ 3 \ 3 \ | \ \widehat{\dot{1} \ 6 \ 2 \ \dot{1}} \ 6 \ 6 \ | \ \widehat{5 \ \dot{3} \ 6 \ 5} \ 3 \ 3 \ | \ \widehat{\dot{1} \ 6 \ 2 \ \dot{1}} \ 6 \ 6 \ |$$

$$0 \ 5 \quad 3 \ 5 \ | \ 6 \ \widehat{7 \ 6} \ 5 \ 3 \ | \ 2 \quad 0 \ 3 \ | \ 5 \ 3 \quad 2 \ 1 \ |$$

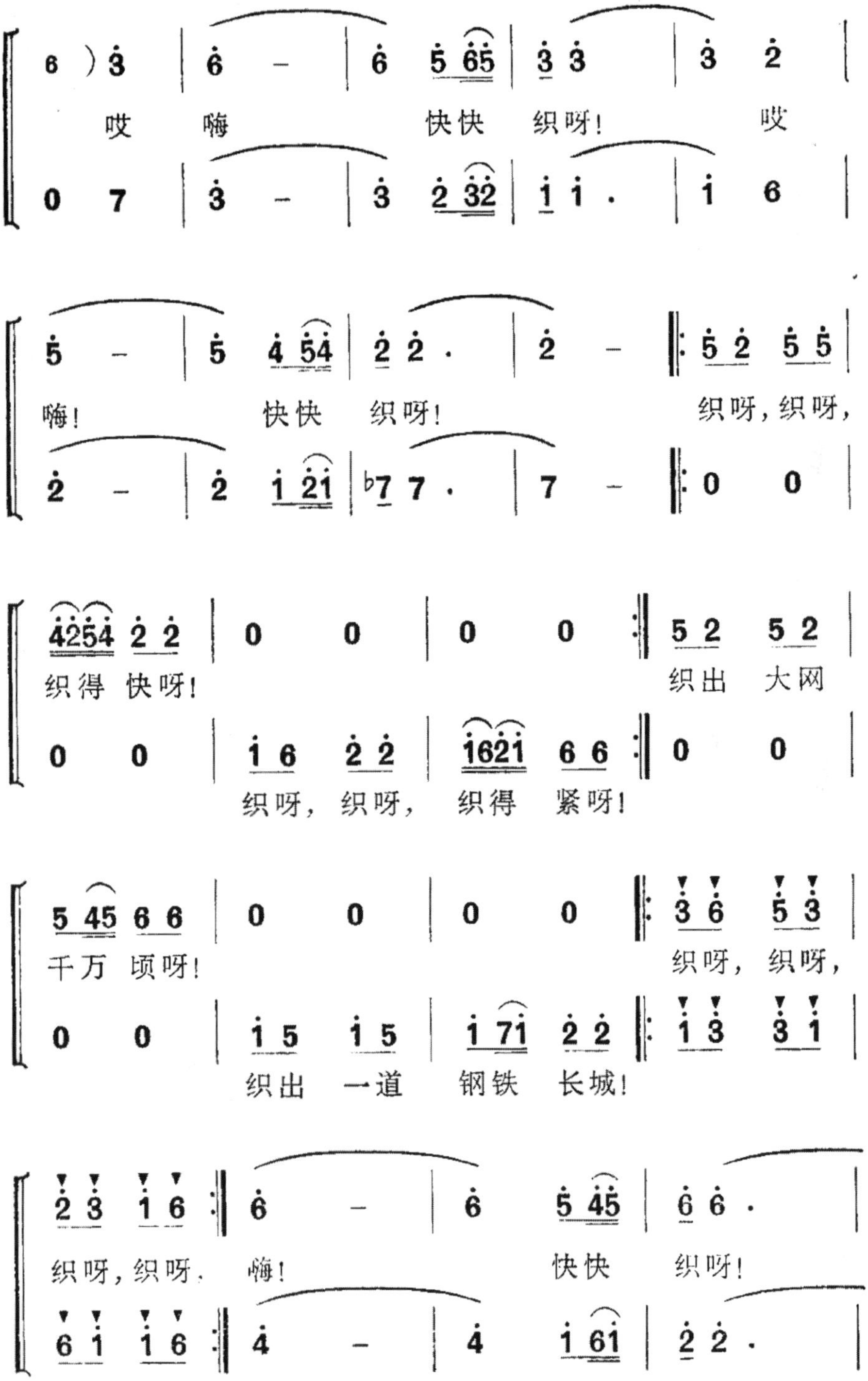
哎　嗨　快快　织呀!　哎
嗨!　快快　织呀!　织呀,织呀,
织得　快呀!　织出　大网
织呀,织呀,　织得　紧呀!
千万　顷呀!　织呀,织呀,
织出　一道　钢铁　长城!
织呀,织呀,　嗨!　快快　织呀!

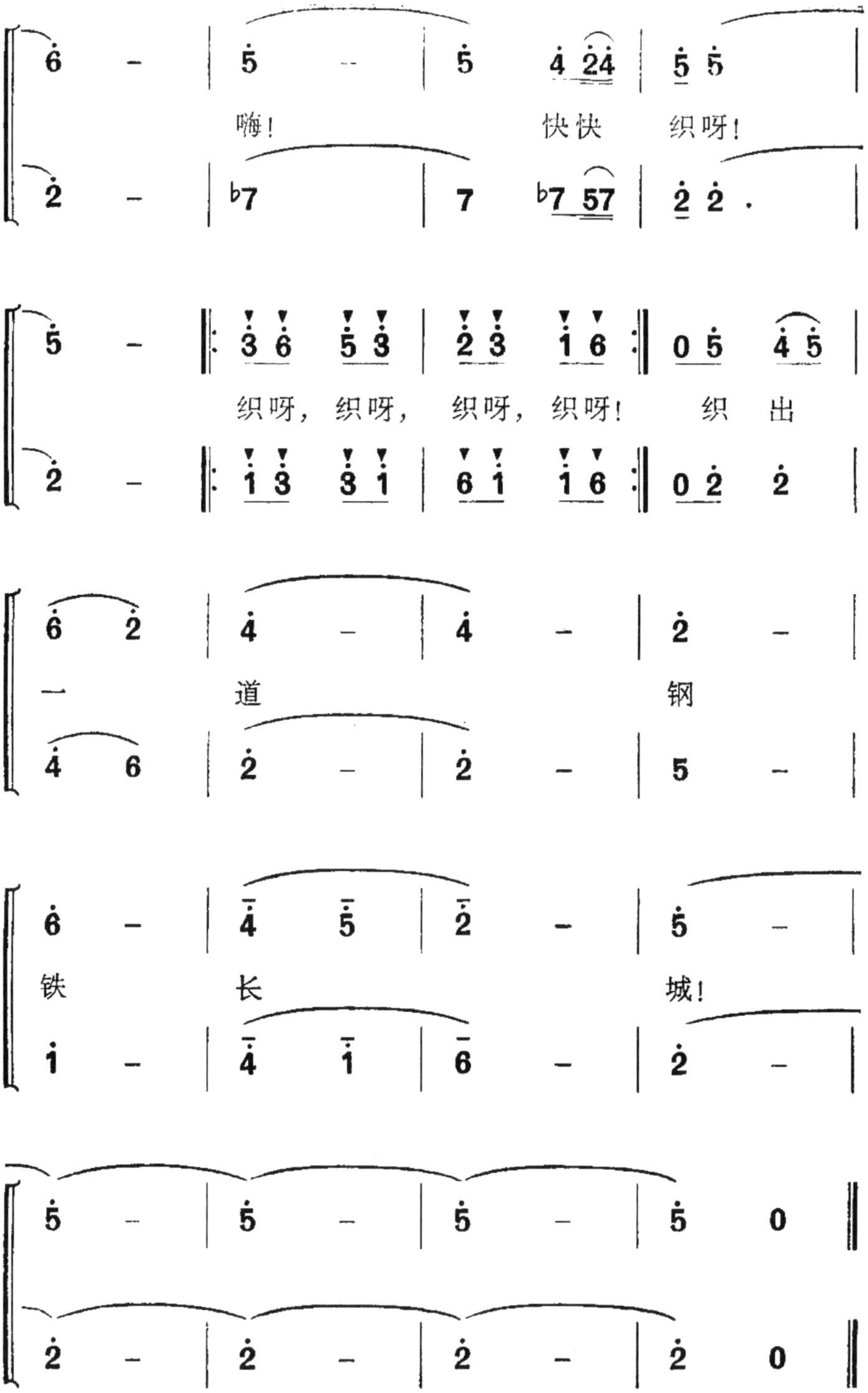
嗨！
快快
织呀！
织呀，织呀，织呀，织呀！
织
出
一
道
钢
铁
长
城！

欢迎您！来自五大洲的朋友

张秋生词
刘念劬曲

1=A 2/4

小快板　热情地

```
(4.4 ‖: 4  —  4 4 3.4 | 2 5 5 | 5 — |

5 4 3 2 | 3 3 4 | 6 5 5 | 3 1 | 0 5 2 3 |

4 3 4 5 | 6 | 7 | 5 0 5 5 5 5 | 5 5 6 7 )
```

```
1 1 5 5 | 1.2 3 2 | 1 — | 5 0 |
```
1 我们 挥动 欢 迎的 旗 帜，
2 我们 挥动 欢 迎的 旗 帜，

```
2 2 6 6 | 2.3 4 6 | 5 — | 3 0 |
```
我们 举起 友 谊的 鲜 花，
我们 举起 友 谊的 鲜 花，

```
6.6 5 | 3.3 1 | 4 3 | 4 5 2 |
```
欢迎 您！ 欢迎 您， 五大 洲朋 友，
欢迎 您！ 欢迎 您， 五大 洲朋 友，

```
2 1 7 6 | 5 1 | 2 3 | 4 3 2 |
```
让 我们 携 手 并 肩 大步
让 我们 携 手 并 肩 大步

```
1 3 | 5 — | 5 3 3 4 | 6 5 |
```
向 前 跨， 全 世界 革 命
向 前 跨， 全 世界 革 命

$$\underset{人}{\overset{3}{.}}\ \underset{民}{\overset{1}{.}}\ |\ \underset{是}{\overset{5}{.}}\ \underset{}{\overset{3}{.}}\ |\ \underset{二}{\overset{2}{.}}\ \underset{}{\overset{3}{.}}\ |\ \underset{家。}{\overset{1}{.}}\ -\ |$$

人民　是　二　家。

$$\underset{}{\overset{1(}{.}}\ \underset{}{\overset{3}{.}}\ \underset{}{\overset{4}{.}}\ |\ \underset{}{\overset{6}{.}}\ \underset{}{\overset{5}{.}}\ \underset{}{\overset{3}{.}}\ |\ \underset{}{\overset{1.3}{.}}\ \underset{}{\overset{5}{.}}\ |\ \underset{}{\overset{5}{.}}\ \underset{}{\overset{4}{.}}\ \underset{}{\overset{3}{.}}\ \underset{}{\overset{4}{.}}\ |$$

$$\underset{}{\overset{5}{.}}\ \underset{}{\overset{2}{.}}\ \underset{}{\overset{1}{.}}\ |\ \underset{}{\overset{7}{.}}\ \underset{}{\overset{6}{.}}\ |\ \underset{}{\overset{5}{.}}\ \underset{}{\overset{2.3}{.}}\ |\ \underset{}{\overset{1}{.}}\ \underset{}{\overset{0}{.}}\ )\ \underset{你\ 历}{\overset{3\ 4}{.}}\ |$$

$$\underset{们\ 史}{\overset{5.\ 3}{.}}\ \underset{的}{}\ |\ \underset{为\ 潮}{\overset{2\ 1}{.}}\ \underset{了\ 流}{}\ |\ \underset{独\ 不}{\overset{7}{.}}\ \underset{立\ 可}{\overset{6·7}{.}}\ |\ \underset{和\ 阻}{\overset{1}{.}}\ \underset{解\ 挡，}{\overset{5}{.}}\ |$$

$$\underset{英\ 团}{\overset{5\ 5}{.}}\ \underset{勇\ 结}{\overset{1\ 3}{.}}\ |\ \underset{战\ 战}{\overset{5\ 5}{.}}\ \underset{斗\ 斗}{\overset{4}{.}}\ |\ \underset{把\ 把}{\overset{3}{.}}\ \underset{敌\ 力}{\overset{2}{.}}\ |\ \underset{杀，\ 量\ 大，}{\overset{3}{.}}\ -\ |$$

$$\underset{反\ 举}{\overset{3}{.}}\ \underset{压\ 红}{\overset{4·4}{.}}\ |\ \underset{迫，\ 旗，}{\overset{4}{.}}\ -\ |\ \underset{反\ 向}{\overset{4\ 4}{.}}\ \underset{侵\ 前}{\overset{3.4}{.}}\ |\ \underset{略，\ 进，}{\overset{2}{.}}\ \underset{反\ 举\ 压\ 红}{\overset{5·5}{.}}\ |$$

$$\underset{迫，\ 旗，}{\overset{5}{.}}\ -\ |\ \underset{反\ 向}{\overset{5\ 4}{.}}\ \underset{侵\ 前}{\overset{3·2}{.}}\ |\ \underset{略，\ 进，}{\overset{3}{.}}\ \underset{胜\ 誓}{\overset{4\ 3}{.}}\ \underset{利\ 把}{}\ |\ \underset{捷\ 旧}{\overset{2\ 1}{.}}\ \underset{报\ 世}{}\ \underset{界}{\overset{6}{.}}\ |$$

$$\underset{传\ 全}{\overset{7}{.}}\ \underset{天\ 天}{\overset{2}{.}}\ |\ \underset{下。\ 垮。}{\overset{5}{.}}\ -\ |\ \underset{啊！}{\overset{5}{.}}\ \underset{啊！}{\overset{5}{.}}\ |\ \underset{}{\overset{3·4}{.}}\ \underset{}{\overset{5}{.}}\ |$$

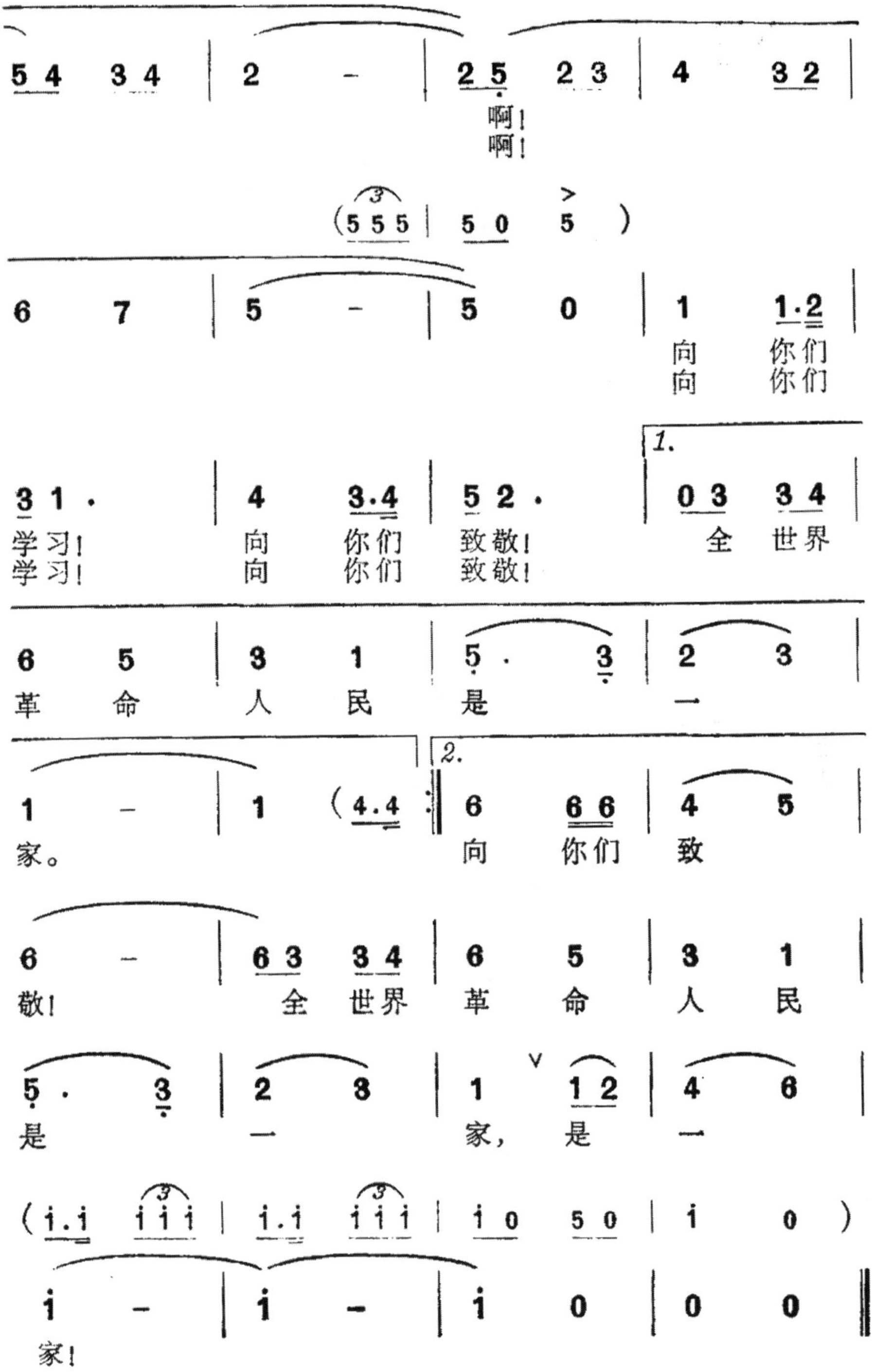
啊！
啊！
向 你们
向 你们
学习！ 向 你们 致敬！ 全 世界
学习！ 向 你们 致敬！
革 命 人 民 是 一
家。 向 你们 致
敬！ 全 世界 革 命 人 民
是 一 家，是 一
家！

《工农兵歌曲》稿约

为了积极促进社会主义音乐创作的繁荣，努力适应当前社会主义革命和社会主义建设蓬勃发展的大好形势，适应广大工农兵群众对革命歌曲的日益增长的需要，我们热烈欢迎广大工农兵群众和专业文艺工作者创作歌颂伟大领袖毛主席，歌颂伟大、光荣、正确的中国共产党，歌颂伟大的社会主义祖国，反映在毛主席、共产党领导下中国人民革命斗争生活，特别是无产阶级专政下继续革命的斗争生活和无产阶级国际主义精神，塑造各条战线上工农兵英雄形象的革命歌曲。

来稿要求"革命的政治内容和尽可能完美的艺术形式的统一"，歌曲体裁形式和风格可以多样，包括队列歌曲、独唱、齐唱、重唱、合唱、小组唱和表演唱等形式。

来稿请用单面纸写清，并注明词、曲作者真实姓名、所在单位及详细地址，寄上海绍兴路54号《工农兵歌曲》编辑小组收。寄件请按邮局规定，于信封上注明"稿件"字样，并将信封剪角。

编辑小组限于人力，来稿 般不退，请作者自留底稿。

《工农兵歌曲》编辑小组
1973 年 9 月

书证号	借书时间	还书时间

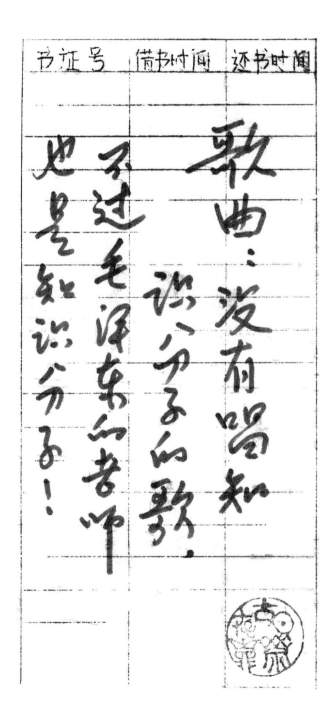

歌曲：没有唱知识分子的歌，不过毛泽东他书师也是知识分子！

工 农 兵 歌 曲

(1973 年第三辑)

《工农兵歌曲》编辑小组编

上海人民出版社出版

(上海绍兴路5号)

新华书店上海发行所发行　　上海市印刷六厂印刷

开本 787×1092 1/32　印张 1.125　歌谱 34 面
1973 年 9 月第 1 版　1973 年 11 月第 2 次印刷
印数 30,001—130,000

统一书号: 8171·376　　定价: 0.09 元

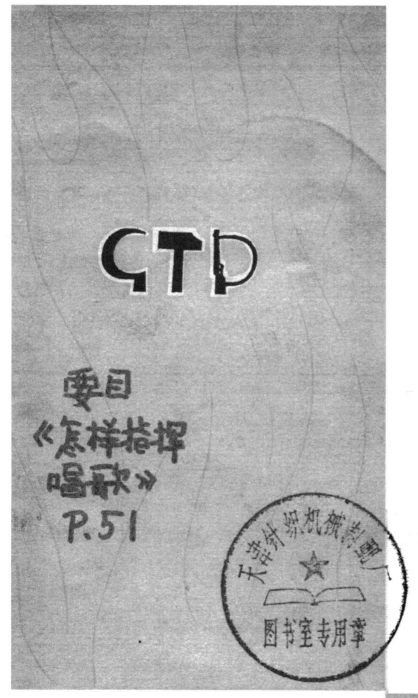

革命歌曲选

3

1973

人民文学出版社

图　书　书　片

书　号：

书名：　革命歌曲选　3

种类：　〈文艺〉

其数：　↕9

定价：　0.14

天津针织机械钢毡厂

革 命 歌 曲 选

第 三 集

人 民 文 学 出 版 社

一九七三年 · 北京

革命歌曲选（第三集）

人民文学出版社出版
（北京朝內大街166号）

曲谱：45面　开本787×1092毫米$\frac{1}{32}$　印张2

1973年9月北京第1版　1973年9月北京第1次印刷

书号10019　2046　定价0.15元

北京印刷二厂印刷　　　新华书店发行

目　　录

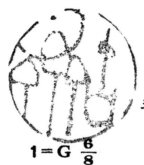

毛主席指引我们向前进

女声独唱

毛世英词

刘天强曲

1=G 6/8

山歌风　自由地

有节奏地

1. 江河 的 流 水　哎，　　　大海 的 波

2. 天 上 的 星 星　哎，　　　十五 的 月

3. 遍 地 的 鲜 花　哎，　　　满天 的 霞

浪，比不上韶山的
亮，比不上延安窑洞的
光，比不上天安门上的
井水（么）甜在我们心（尼）房，
红灯（么）放光（尼）芒，
红旗（么）灿烂辉（尼）煌，
毛主席就是（哪）开井的人哪，
毛主席就是（哪）擎灯的人哪，
毛主席就是（哪）伟大的旗手，
咴 清清的甘泉（么）
咴 红灯照得（哟）
咴 指引着我们

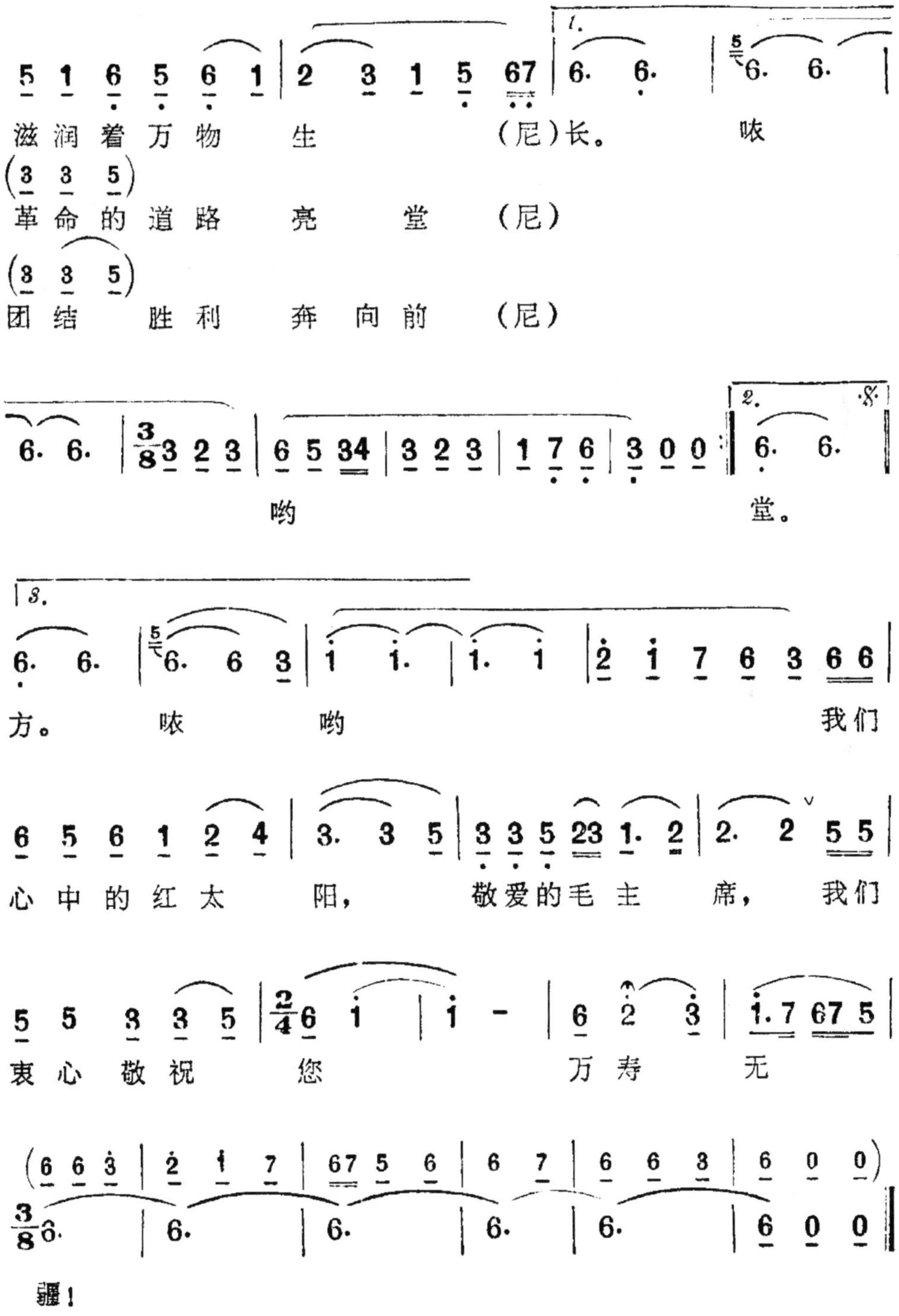
滋润着万物 生 (尼)长。 咗
革命的道路 亮 堂 (尼)
团结 胜利 奔 向 前 (尼)
哟
堂。
方。 咗 哟 我们
心中的红太 阳， 敬爱的毛 主 席， 我们
衷心敬祝 您 万寿 无
疆！

高唱《国际歌》战斗在一起

郑　南词
雨　林曲

1=♭B　4/4

坚定地　mf

(3.4 | 5 - - 3 | 5 - 4 3 | 2 3 4 6 |

5 0 5.5 66 77) | i - 3. 2 | i 5. 5 - |
　　　　　　　　　　革　　命　的　人民，

mf 中速

i i.7 6 3 | 5 - 5 5 6 7 | 2/4 i.i | 4/4 2 i 5 3 |
阶 级 的 兄　弟，　《国际歌》 把我们　连 在 一 起，

5 i 3 i | 2 - - - | i - 5. 3 | 6 6. 6 - |
连 在 一　起。　　英　雄 的　战友，

2 i.i 5 3 | 6 - - 5 5 | i.i i 2 3 2 | i 5 4 3 |
亲 密 的 同　志，　我们 高唱《国际歌》　在 一 起，

渐快 f

2 5 - 2 3 | i - - (5 6 i | 3.3 3 - 3 #5 7 |
在　一　起。

2.2 2 - 3 | i 6 7 i - 7 | 2/4 6 5 5 5 | 3 #5 | 6)

行进地

1. 我们 团结 在 一
2. 并肩 高举 革命

1. 高山和大海 紧相连，
2.（我们）团结 在一起，

起，　　　　　　　　我们战斗 在一
旗，　　　　　　　　反帝反修 志不

雄鹰和海燕 展翅飞，
我们战斗 在一起，

起，　　　　　　　　我们胜利 在一
移，　　　　　　　　乘胜前进 所向无

红旗和火炬 相映红，
我们胜利 在一起，

起。　啊　　　　　啊
敌。　啊　　　　　啊

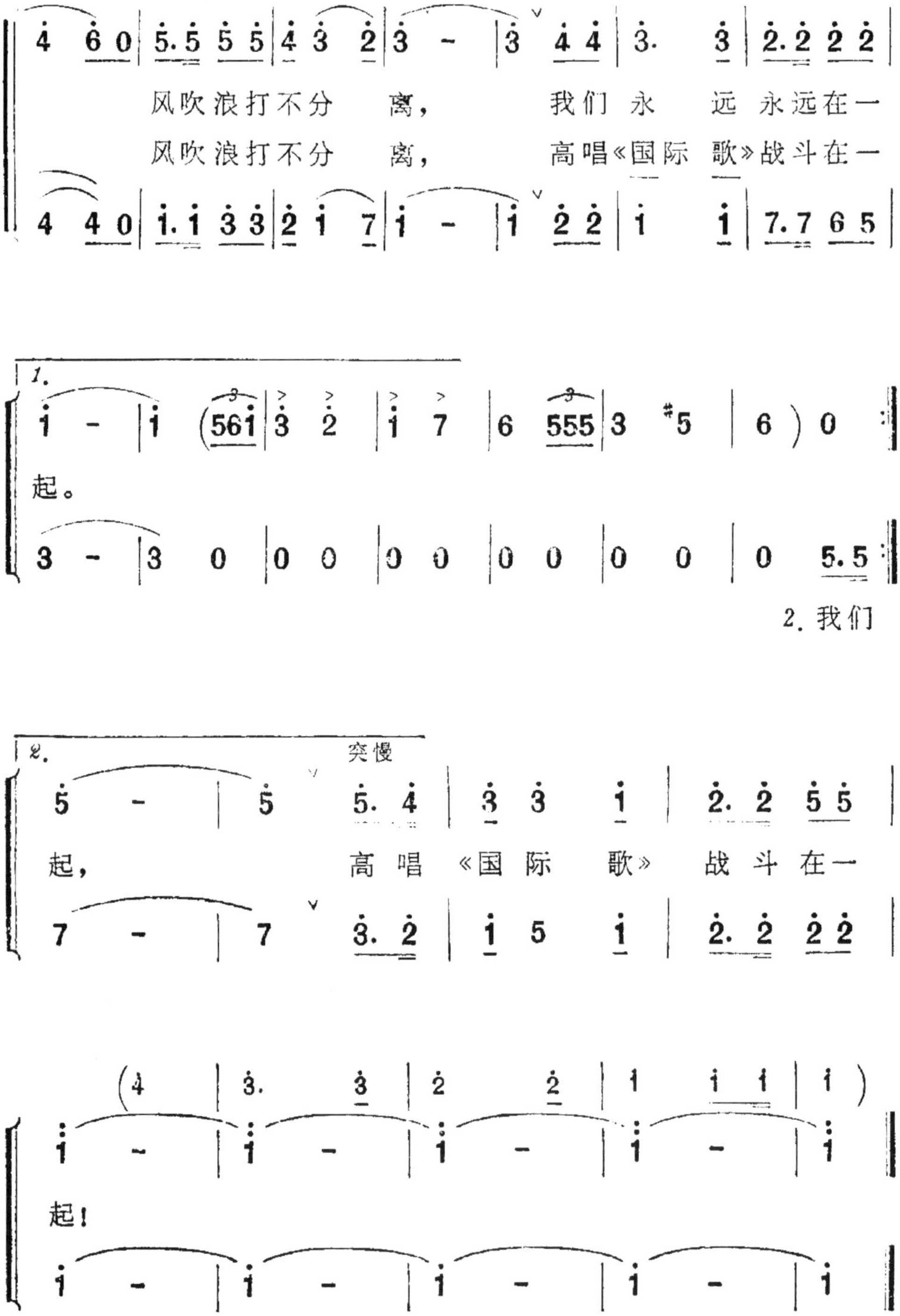
风吹浪打不分 离， 我们 永 远 永远在一
风吹浪打不分 离， 高唱《国际 歌》战斗在一
1.
起。
2. 我们
2.
突慢
起， 高唱《国际 歌》 战斗在一
起！

祖国一片新面貌

二重唱

石祥、刘薇词
生　茂曲

1 = A 2/4

‖: (6. 77 | 6 5 6 3 | 2. 33 | 2 1 2 6 | 6 66 65 | 3 5 5 1 |

3 11 2 3 | 6 66 6) | 5̆3 － | 3 － | 3 3.⁺4 | 3 2.⁺4 |

1. 2. 哎！　　　　　　　山 也 笑，水 也

3 ˇ3 3⁺4 | 3.⁺4 3 3 | 2 32 1 | 7 6 7 5 | 6 6̌ | (3 66 6 6 |

笑，毛主席 革 命路线 指方 向，形势无限 好 哇！

3 66 6) | 5̆3 － | 3 － | 3 3.⁺4 | 3 2.⁺4 | 3 3⁺4 |

哎！　　　　　　　天 也 新，地 也 新，　 代

3.⁺4 3 3 | 2 32 1 | 7 6 7 5 | 6 6̌ | (3 66 6 6 | 3 66 6) |

革 命新人 在成 长，一片新面 貌 哇！

6 1 1 1 1 1 | 1 1 2̌ | 6 1 1 1 1 1 | 1 1 2̌ | 3 3 3 3 3 | 2⁺4 3 |

新建的厂房 座座，新铺的大路 条条，新竖的井架 排排，
新修的梯田美如画，新挖的水渠 环山绕，新开的荒山麦浪滚，

3 3 3 3 3 | 2⁺4 3 | 3 6 | 6 － | 6 － | 7 6 76 |

新架的银线 道道。哎！
新治的沙滩 稻香飘。哎！

啊　哎　啊　　　喔　哎　啊　哎
啊　哎　啊　　　喔　哎　啊　哎

男　钢　铁　又　夺　新　高　产（乃），　石　油
　　穷　山　恶　水　换　新　装（哎），　产　量

女　又　创　新　指　标（呦），　大　庆　精　神　开　新
　　又　有　新　飞　跃（呦），　大　寨　红　花　结　新

花（崖），　工　业　又　传
果（崖），　农　业　又　掀

新（哟　吼）新　捷　报。
新（哟　吼）新　高　　　　潮。　　　　哎！

啊 哎 啊

噢哎 啊 哎 哎

踏着"铁人"脚步走

薛柱国词
刘巩祥曲

1 = F 2/4

坚定、有力 进行速度

高举红 旗去战斗， 踏着"铁人"脚 步

走。 雄赳 赳 气昂昂，

泰山压顶不 低 头。 为革命 献石

油， 胸怀祖 国望 全球。 专为 革命

挑重担， 我们 是无产阶级硬 骨 头！

采 煤 工 老 赵

男中音独唱   王之平词曲

1=♭E 2/4

(0 0 i | 6i65 456i | 5 55 5 5 | 6i65 4565 | 2 22 2 2 |

2.3 53 | 6 5 53 | 2 35 2165 | 1 1 1) | 5   5.6 |
                                                谁 说

1 1 2 | 5.5 1 6 | 2 — | 5.5 56 | 1 1 2 |
咱已 老， 六十 还没 到，   红光 满面 斗志 高，

5 2 32 | 1 — | 1 1 61 | 2.3 2 | 5 65 45 |
斗 志 高。   喜看 这矿 山 新 面

6 — | i 6 i 6 5 | 456i 5 | 4.5 6 i | 5 — |
貌，   咱老赵继续 革 命 心 不 老。

(i 6i 6 5 | 456i 5 5 | 2 5 5 23 | 1 1) | 1.1 61 |
                                              煤海 深处

2 5.6 | 2 — | 2 — | 5 5 6 i | 4 2 |
摆 战 场，   夺煤 大军 逞 英

130

```
5 -  | 5 -  | 1.1 61 | 6  5 | 4.  5 |
豪,            咱队 成立 青年 突  击

6  (6 6) | 5  1  2 | (1111 2) | 1.2 12 | 1.2 12 |
组,      咱老 赵,      胡子  刮, 精神 抖擞,

0    0 5 | 1.2 12 | 4  5 | 6 -  | 6.  2 |
(白)报告队长,可  不能 没有  咱 老 赵,      可
这"青年突
击组"里,

1.2  7 6 | 5  2 | 5 -  | 5.  (1 | 6165 4561 |
不能  没有 咱 老 赵。

渐慢
5 55 5 5 | 6165 4565 | 2 22 22 | 2.3 53 | 6 5 53 |

2.3  2165 | 1  -) | 1  61 | 2 -  | 5  #45 |
旧  社  会,  咱老

2 -  | 5  53 | 2  32 | 1 -  | 1 -  |
赵     受 尽 苦 中 苦。

渐还原速
1  61 | 2 -  | 1  61 | 6  5 | 4.  5 |
如 今 咱  当 家 作 主 多
```

131

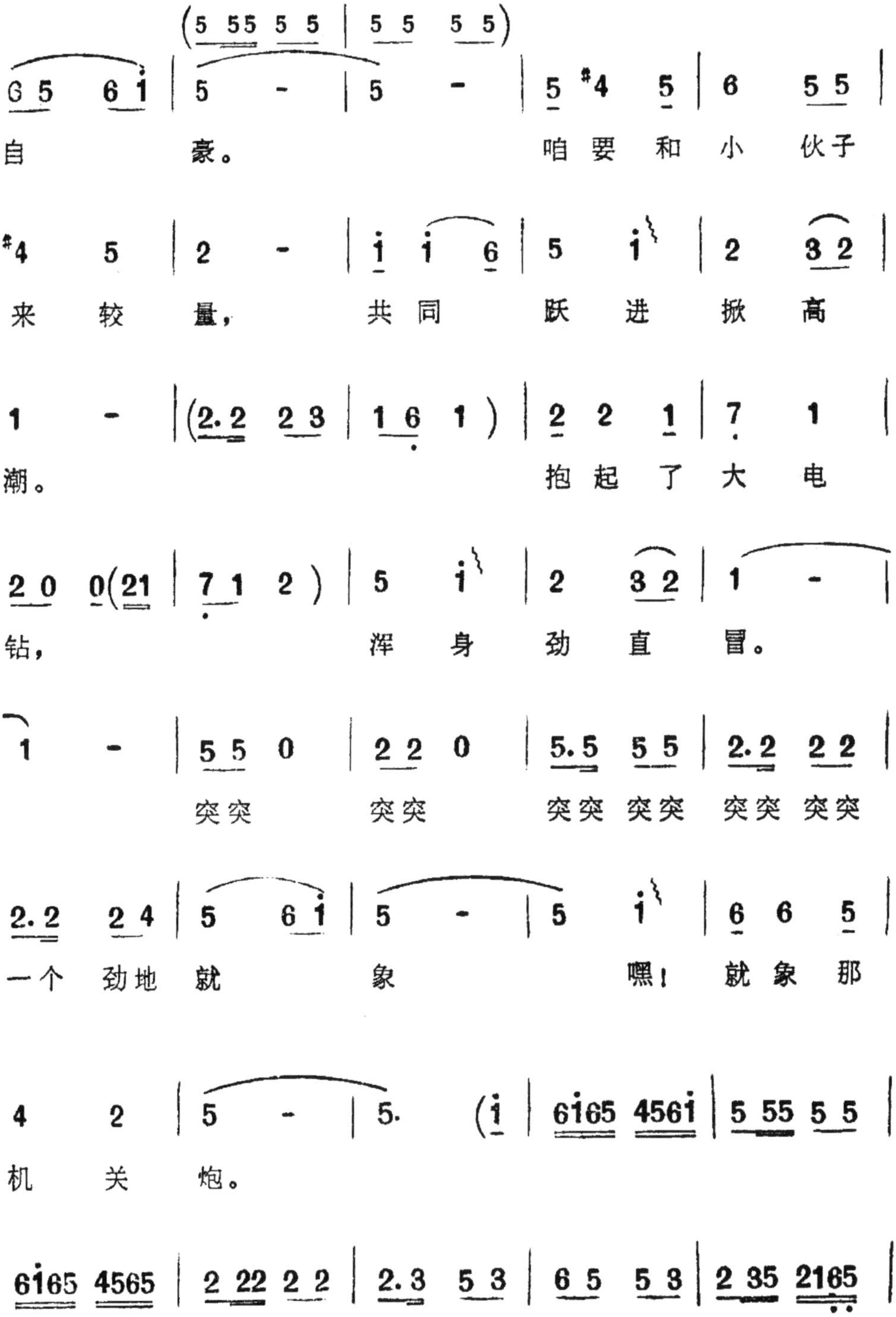
自 豪。 咱要和小伙子
来较量，共同跃进掀高
潮。 抱起了大电
钻， 浑身劲直冒。
突突 突突 突突 突突 突突 突突
一个劲地就象 嘿！就象那
机关炮。

$\underline{1\ 1}$ 1 $)$ | $\underline{1.\dot{1}}$ $\underline{\dot{6}\ 1}$ | 2 $\underline{5.\ 6}$ | 2 $-$ | 2 $-$ |

开动 联合 割 煤 机，

$\underline{5\ 5}$ $\underline{6\ \dot{1}}$ | 4 2 | 5 $-$ | 5 $-$ | $\underline{1.\dot{1}}$ $\underline{\dot{6}\ 1}$ |

好象 战舰 迎 波 涛， 哗啦 啦啦

6 5 | $4.$ $\underline{5}$ | 6 $-$ | $5\ \dot{1}$ 2 | $(\underline{1\ 1\ 1\ 1}$ $2)$ |

煤 海 掀 巨 浪， 咱老 赵

$\underline{1.\ 2}$ $\underline{1\ 2}$ | 4 5 | 6 $-$ | 6 2 | $\underline{1.\ 2}$ $\underline{7\ 6}$ |

心潮 更比 煤 浪 高， 嗨！ 心潮 更比

5 2 | 5 $-$ | $5.$ | $(\dot{1}$ | $\underline{6\dot{1}6\ 5}$ $\underline{4\ 5\ 6\dot{1}}$ | 5 $\underline{5\ 5}$ $5\ 5$ |

煤 浪 高。 毛泽东

$\underline{6\dot{1}6\ 5}$ $4\ 2$ | $5\ 2$ $5)$ | $5\ 5$ $\underline{^{\#}4\ 5}$ | $\underline{6.\ 6}$ $6\ 6$ | 5 $\underline{^{\#}4\ 5}$ |

毛泽东 思想光辉 心头

2 $-$ | $\dot{1}$ $\underline{\dot{6}}\ 5$ 3 | 2 $\underline{3.\ 2}$ | 1 $-$ | 2 $\underline{1\ 2}$ |

照， 千 斤重担 肩 挑。 革命

$\underline{5^{\#}4}\ 5$ | 6 $\dot{1}$ | $\underline{^{\flat}4}$ $3\ 2$ | $\underline{1\ 1}$ 2 | $\underline{4.\ 5}$ $\underline{6\dot{1}}$ | $5.$ 6 |

到 底 志 不 移， 团结 胜 利

$\dot{1}$ 4 | 5 0 | $\underline{1.\dot{1}}$ $\underline{\dot{6}\ 1}$ | $\underline{\dot{2}.}$ 3 | $\underline{\dot{1}\ \dot{2}\ 7\ 5}$ | $\dot{1}$ $-$ ||

红 旗 飘， 团结胜利红 旗 飘！

开起我的新车床

赵全相 伊国桐 词曲

1 = F 2/4

欢快 自豪地

（1 3 2 | 1232 1 6 | 5 1 6 | 5616 5 3 | 2 12 3 23 |

5 35 6532 | 1 55 55 | 5 5 1 3 | 5 1 | 5 — | 6. 5 |

1. 马达 隆 隆 高
2. 笑脸 盈 盈 放

3. 1 25 3 | 3 — | 0 2 12 | 3 56 | 2 — | 6. 5 |

声 唱，　　车灯 闪 闪 迎
红 光，　　汗水 淋 淋 心

3 2 32 | 1 — | 0 1 15 | 1 3 | 5.6 50 0 656 |

朝 阳。　　手握 摇 把 如持枪，卡料
欢 畅。　　铁老虎 扒 它 几层皮，钢疙瘩

3 1 | 2.5 30 0 1 1 4 6 | i 76 5 3 |

就 象 弹上膛。　狠 抓 革 命 促 生 产，
叫 它 见见光。　我 为 祖 国 多 贡 献，

2.2 21 | 2 6 | 6 — 6 0 | i.i 65 |

开起 我的 新 车 床，　　　嗨！开起 我的
干起 活来 有 力 量，　　　嗨！干起 活来

1.
6 5 3 23 | 1 — | 1 0 :‖

新 车 床。

2.
6 5 3 56 | i — | i 0 ‖

有 力 量。

我是公社架线工

独　唱

四川省泸州市
农林系统职工　词曲

1=♭B　2/4

欢快豪迈地

$(\dot{3}\ \underline{5\dot{3}}\ \underline{2}\ \dot{1}\ |\ \dot{1}\ \underline{2\dot{1}}\ \underline{6}\ 5\ |\ 5\ \underline{6\dot{1}}\ \underline{6532}\ |\ 1\ \underline{23}\ 5\ 6\ |\ \dot{1}\ \dot{1}\ \dot{1}\ )\ |$

$\|:\ \underline{5.6}\ \underline{\dot{1}\ 5}\ |\ 3\ \underline{\overset{\frown}{2}\ \underline{32}}\ |\ \dot{1}\ -\ |\ \dot{1}\ -\ |\ \underline{\dot{1}.6}\ \underline{3\ 3}\ |$

1. 我是公社　架　线　　工，　　　钢钳　一把
2. 拨开云雾　迎　晨　　风，　　　千斤　银线
3. 贫下中农　心　欢　　笑，　　　喜看　银龙

$\underline{\dot{1}.2}\ \underline{65\ 6}\ |\ 5\ -\ |\ 5\ -\ |\ \dot{1}\ \dot{3}\ |\ \underline{2.3}\ \underline{2\ 1}\ |$

挂　腰　　中，　　　　跋　山　涉　水
不　算　　重，　　　　高　空　架　线
舞　高　　空，　　　　千　家　万　户

$\underline{5.3}\ \underline{56\ 7}\ |\ \underline{6.}\ 5\ |\ \underline{\dot{1}.6}\ \underline{\dot{1}\ 2}\ |\ \underline{\dot{3}.5}\ \underline{\dot{1}\ 2}\ |\ \dot{3}\ \underline{3.}\ |\ \dot{3}\ -\ |$

架　银　　线，　我　脚登月牙　飞　上了天啊，
攀　险　　峰，　把　毛主席的　声　　音啊，
喇　叭　　响，　那　远近起伏的山　岗啊，

1. 2.

（0 35

0 6 5 6 | i.236 | 5. 3 | 2 i 3.2 | i － | i －

彩　云在　我的身旁　飞　　　　　　涌。
送　到咱　社　员的心　　　　　　中。
响　起了　雄　壮的

3. 结束句

3.2 i 3 | 2 i 7 6 | 5 3 5350 | i 5 1）| 5. 3 | 5 6

“东　方

2 － | 2 i 2 3 | 5 － | 5 6 | i － | i －

红”，　　　　　“东　　方　红”。

3 3 5 | 6.i 65 | 6 － | 6 i | 5 3 2

愉快　的架　线工，　　　　　　为人民

i 6 i 3 | 2 － | 2 － | 0 3 2 3 | i.2 65

心　最红。　　　　　　努力　办好广播，

3.2 3 5 | 6 6 0 5 | 6 5 3 | 5 5 | 3 － | 3 －

努力办好广播，让革　命的声　　　音

6. 5 3 | 2 i 2 6 | 5.6 i 2 | 3 2 i | 5 － | 5 －

回　荡在祖　国万　里长　空。

136

大寨红花迎风开

张士燮词

朱正本曲

1=E 2/4　　　独　唱

火热　欢快

```
(5.165 | 4525 ‖ 5.165 | 4525 | 2.521 | 7171 |
2.521 | 715) | 5  6.5 | 452 | 5.165 | 432 |
```

1. 大　寨的　山，　　　大　寨的　水，
2. 大　寨的　路，　　　大　寨的　田，

```
2545 | 165 | 4.  6 | 165 | 2.521 | 712 |
```

大寨　的　山水　格　外美。　梯田　连青天，
大寨　的　红旗　照河　山。　处处　学大寨，

```
5 2.1 | 712 | 0212 | 45 | 6.  2 | 1.276 |
```

水渠　绕岭飞，　一颗　红　心　两只
社社　夺高产，　自力　更　生　干革

```
5 03 | 2.521 | 7121 | 5.  6 | 5 - | f 5 5 |
```

手，　改天换地　显神　威。　年年
命，　艰苦奋斗　排万　难。　大寨

```
2.  1 7 65 | 1 - | 6.1 65 | 45 65 |
```

攀　登新　高峰，　年年丰收　凯　歌
红　花迎　风开，　千朵万朵　齐　争

```
2 - | 2 - | 5250 | 5.  3 | 2.521 | 751 |
```

飞。　毛主席　亲　自撒花　种，
艳。　毛主席　号　召像春　雨，

2 | 12 42 | 4 | 5.5 45 | 6 2 | 1. 6 |

大　寨　花儿　红，　迎着　朝阳　放　光　辉，

雨　洒　花更　红，　五湖　四海

5.1 42 | 5 - | 5 0 :|| 6 i | 2 - |

放　光　辉。　全　开　遍，

2 i | 2. i | 7 i 5 | i - | i 0 ||

全　　开　　遍。

大 江 渔 歌

独　唱

竹　笛词

晏成铮曲

1=♭B 4/4

热情、宽广地

5 - 6356 1236 | 5 - 6.5 32 | i 6 1235 2. 3 |

2.1 6 5 3 5 6 i | 2 16 5 -) i 65 | 5. 6 i 6 i 2 |

红　日　出　东

3.5 5 - - | 6 5 3 2 i 6 1235 | i 2 2 - 0 |

方　哎，　　千帆　离渔　港哎，

$\overbrace{3 \cdot \dot 3} \ \overbrace{2 \ 5} \ \overset{\frown}{\overline{6 \cdot}} \ | \ \dot 1 \ | \ \overbrace{5 \ 3} \ \overbrace{5 \ 6} \ \overbrace{1 \ 1} \ | \ \overset{5}{2} \ \overline{\overbrace{3 \cdot 5} \ \overbrace{6 \ 1} \ \overbrace{2 \ 35} \ \overbrace{21 \ 65}} \ |$

水乡一 片　 好 风 光啊,　 公社渔船遍 大

$5 \ - \ - \ - \ | \ \dfrac{2}{4} \ \overbrace{6 \cdot 6} \ \overbrace{2 \ \dot 1 \dot 2} \ | \ \overbrace{5 3} \ \overset{\frown}{\dot 1 \ 6} \ | \ \overbrace{2 \cdot 2} \ \overbrace{6 \ 5} \ | \ \overbrace{7 \ 2 6 5} \ 5 \ |$

江。　 任凭风吹 浪 打, 不畏烈日 寒 霜,

纾展地

$\dfrac{4}{4} \ \dot 2 \ \dot 2 \ - \ - \ | \ \dot 5 \ \overset{5}{\overset{\frown}{3}} \ - \ \dot 2 \ | \ \dot 1 \ - \ \overbrace{\dot 1 \ \dot 2} \ \overbrace{\dot 3 \dot 5} \ \dot 1 \ |$

漫 江　 撒 下　 银 丝

$\overset{8}{\overset{\frown}{\dot 2}} \ - \ - \ \overbrace{\dot 2 \ \dot 3} \ | \ \overbrace{6 \ \dot 1} \ \overbrace{\dot 2 \dot 3} \ \overset{8}{\dot 1} \ | \ \dot 1 \cdot \ \overbrace{\dot 3 \ \dot 2} \ \dot 1 \ | \ \dot 1 \ 5 \ \overbrace{6 \ 5 6} \ |$

网,　 歌满江河　 鱼 满 仓

$(\overline{5 6 1 \dot 2} \ \overline{6 1 \dot 2 \dot 3} \ \overline{\dot 1 \dot 2 \dot 3 5} \ \dot 6 \ \overbrace{\dot 3 \dot 6} \ | \ ^{tr}$

$5 \ - \ - \ - \ | \ \dot 5 \ - \ \overbrace{5 \ 5 \ 0 \ 6} \ | \ \overbrace{5 5 0 6} \ \overbrace{5 5 0 6} \ |$

啰。

$\dfrac{6}{4} \ \overbrace{5 6} \ \overbrace{5 6} \ \overbrace{5 6} \ \overbrace{\dot 1 \dot 2} \ \overbrace{\dot 1 \dot 2} \ \overbrace{\dot 1 \dot 2} \ | \ \overbrace{\dot 2 \dot 3} \ \overbrace{\dot 2 \dot 3} \ \overbrace{\dot 2 \dot 3} \ \overbrace{\dot 2 \dot 3} \ \overbrace{\dot 2 \dot 3}) \ \dot 2 \ |$

船

$\dot 2 \ - \ - \ \dot 2 \ - \ \overbrace{\dot 3 \cdot \dot 1} \ | \ \overset{8}{\dot 2} \ - \ - \ \dot 2 \ - \ \overbrace{\dot 1 6} \ | \ \dot 2 \ - \ - \ \overbrace{\dot 2 \ \dot 3} \ \overbrace{\dot 1 \ 5} \ |$

儿　 穿激浪,　 往 事　 涌心

$\overbrace{\dot 1 6} \ 5 \ 5 \ - \ 5 \ - \ 0 \ | \ \dfrac{2}{4} \ \overbrace{6 \dot 1} \ 5 \ | \ 6 \ \dot 1 \ | \ \dot 2 \ | \ \overbrace{\dot 2 \dot 3} \ \overbrace{\dot 2 \dot 1} \ |$

上。　 当年 我 驾 驶 这条

$\overset{\frown}{\dot 1 \ 6} \ - \ | \ \overbrace{3 \ 5} \ \overbrace{6 \ \dot 1} \ | \ \overbrace{\dot 2 \cdot \dot 1} \ \overbrace{\dot 1 \ 6} \ | \ 5 \ - \ | \ 5 \ - \ |$

船,　 护送 大军 过 长 江。

6.5 6i | 3 5 6 | i.2 3i | 2 0 | 2.2 i3 |
爷爷 摇着 橹呀， 我 紧握 双叶 桨， 军民 同心

2i 6 | 33 2i2 | i 6 5 ˇ | 666 35 | 66 56 |
打蒋 匪， 仇恨的子弹 推上 膛， 我们的战船 一排 排、

i i 6i | 2 2i2 | 3. 3 | 3 i23 | i | i | 6 3 2 |
一行 行， 万船齐发， 炮 声 震大 地， 进军 号声响，

4/4 2 23 5 — | 5. 35 6 5 | 3 2 i6 0 |
毛 主 席 一 声 号 令 下，

(333 53i3 53i3 5)
3 5 6i2 i2 | 3 0 0 0 | 2 — — 23 |
百 万 雄 师 过

(5. 36 5. 36 |
i 2 6 — | 6 — 2 3 | 5 — — — |
大 江。

5 36 5 36 5 36 5 i2 | 3. i2 3. i2 | 3 i2 3 i2 3 i2 3 i2 |

3.3 3 3 3 3 3 3 | #4.4 4 4 4 4 4 4 | 5.5 5 5 5 5 |

$\frac{6}{4}$ 5 6 5 6 5 6 1 2 1 2 1 2 | 2 3 2 3 2 3 2 3 2 3) 2 |

红

2 - - 2 - 3.1 | $\frac{3}{4}$ 2 - - 2 - 3 | 2 - - 2 - 3 |

旗　　　　插江　南，　　　全　国

1.5 1 - - - 0 | $\frac{2}{4}$ 6 1 5 6 | 1 2 | 2 3 2 1 |

庆解放，　　　　转眼　已　是　多　少

6. 1 | 3 5 6 1 | 2.1 1 6 | 5 - | 5 - |

年，　　我又　驶船　在　江　上。

稍慢

6 1 5 3 | 6 1 5 | 1 1 1 2 | 3 1 2 | $\frac{4}{4}$ 2 2 3 5 - - |

为人民　立新功，我为革命　打渔忙。　顶狂风，

3 2 3 1 6 6. 5 | 5 3 5 6 1 2 | 3.5 2 1 7 2 6 1 |

战恶浪，　我红心啊　永远忠于

5 - - 6 1 | 5. 6 1 6 1 2 | 3 5 1 6 1 | 2 - |

党。　长江　卷起　千重　浪，

渐慢

3.2 1 6 5 3 5 1 2 | 5 - 5 5 6 | 2. 3 2 3 |

千帆万船迎朝　阳，　迎朝阳，　迎

6 - - 5 | 5 - - - | 5 - - - |

朝　　　阳。

时刻准备好

魏宝贵词
求　伶曲

1＝C　2/4

进行速度

```
2·  6 | 2·3 2 | 2·  1 | 6 6 5 | 2  5 |
```
1. 战　士　不离枪，　军　马　不离鞍，　子　弹
2. 认清帝修反，　本　性　不会变，　日　夜

```
6 6 2 | 2·1 6 6 | 5·  0 | 1 1 2 | 6  2 |
```
推上膛，　刺刀　光闪闪。　阶级　斗　争
在磨刀它妄想来侵犯。　我们　时　刻

```
5  4 5 | 6 2 | 5·5 6 1 | 2·2 3 1 | 2·  3 | 2  0 ‖
```
记　在　心，　保卫祖国　红色江　山。
准　备　好，　卫国杀敌　上　前　线。

小 小 手 榴 弹

廖　琼词
郑秋枫曲

1＝♭E　2/4

中速

```
(2 2 1 6 3 | 2 1 6 5 6 | 2 1 2 5 6 5 6 1 | 2 2 1 2 0) ‖: 2 2 1 6 3 |
```
1. 小小的手榴
2. 小小的手榴

```
2  2  1 | 6 6 1 2 1 6 5 | 6 6· | 6 6 1 2 1 | 6  1  2 |
```
弹哪，　我把它挎腰　间哪，　黑黑的脸膛　亮　闪　闪，
弹哪，　它跟我去作　战哪，　冲锋　号呀　滴滴哒哒响，

```
5 4 5 6 1 1 | 5 #4 5 | 6 - | 2 - | 5 4  5 | 6  2 |
```
吃饱了炸药它　沉甸甸，　啊　嗨！　别看它平时
我攥着它　冲上前，　啊　嗨！　盖儿一揭

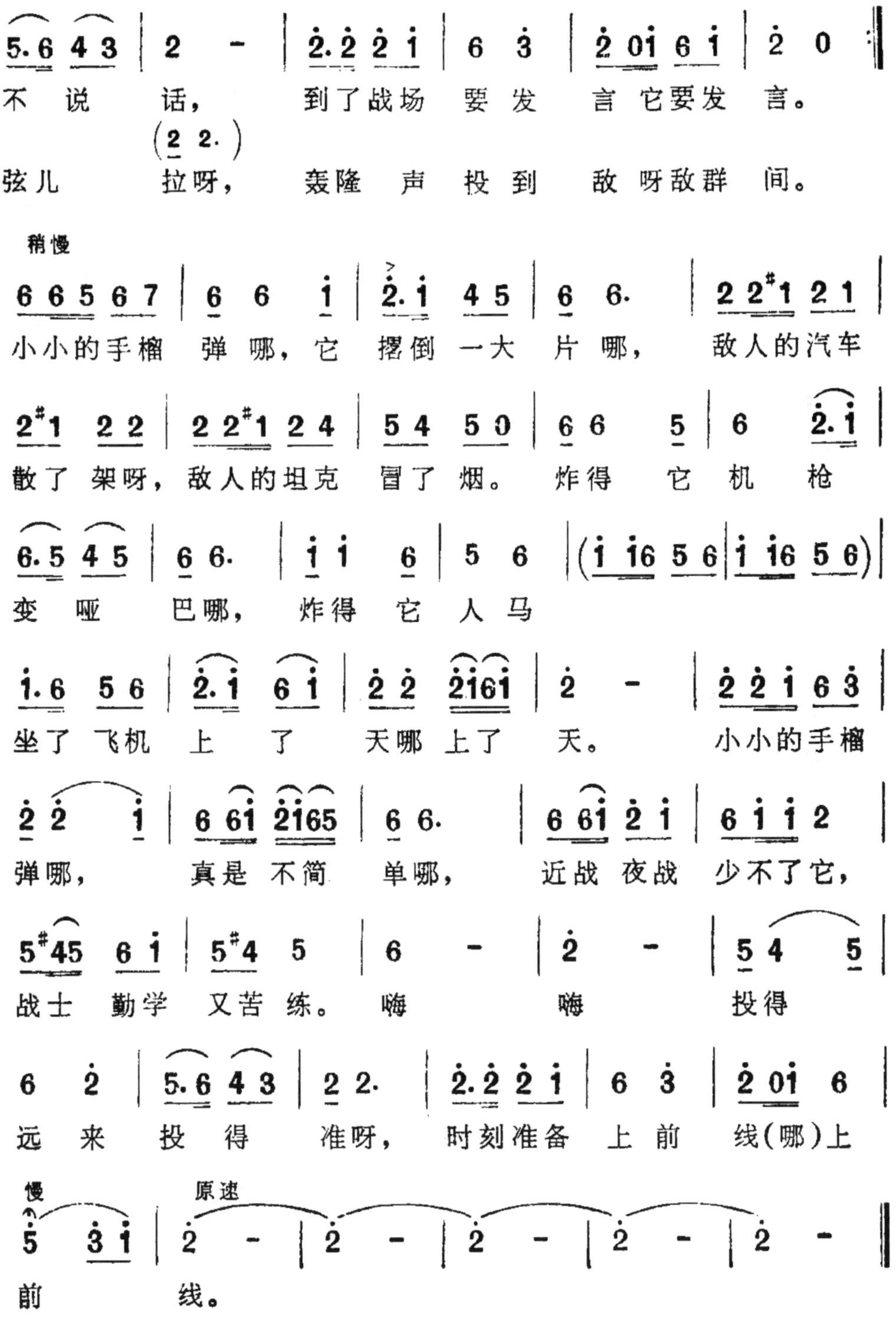
不说话，到了战场要发言它要发言。
弦儿拉呀，轰隆声投到敌呀敌群间。
稍慢
小小的手榴弹哪，它摞倒一大片哪，敌人的汽车
散了架呀，敌人的坦克冒了烟。炸得它机枪
变哑巴哪，炸得它人马
坐了飞机上了天哪上了天。小小的手榴
弹哪，真是不简单哪，近战夜战少不了它，
战士勤学又苦练。嗨嗨投得
远来投得准呀，时刻准备上前线(哪)上
慢
原速
前线。

擦 枪 歌

刘薇、石祥词
生茂、唐诃曲

1=F 4/4

轻快 活泼

```
6  0 5 6  0  | 3 5  3 6  0  | 1.  1 6  1  |
1.擦    哟擦     擦枪   哟，       擦   了枪 机
2.擦    哟擦     擦枪   哟，       红   心向 党
```

```
1 5  1  6.5 3  | 3 6  1 5  3  | 2 3  1 2  0  |
擦弹    仓，       擦了    枪膛  擦刺    刀。
枪不    锈，       常备    不懈  把国    保。
```

```
6  0 5 6  0  | 3 5  3 6  0  | 1.  1 6  1  |
擦    哟擦，      擦枪   哟，       擦   得枪 面
擦    哟擦，      擦枪   哟，       红   心向 党
```

```
1 5  1  6.5 3  | 3 6  1 5  3  | 2 3  1 6  0  |
                                    1.
如明    镜，       手捧    钢枪  心里    笑。
枪不    锈，
```

```
2.
3 5  6 1  6  | 2. 1 5.6 1  | 6 - - | 6 - - 0 ||
常备    不懈  把国            保。
```

3 5 2.3 1 ｜ 5 - - 3 ｜ 6 5 3 5.6 i ｜

照 一 照 壮丽 的山

6 - - - ｜ i i 6 i ｜ 3.5 6 i 5 3 ｜

河， 想 一 想 多少革命重担

2. 5 3 2 1 ｜ 2 - - - ｜ 5.5 3 5 2 3 1 ｜

在 咱肩上 挑。 红心 向党枪 不

6. (3 5 6 1 3 5) ｜ 6.6 5 3 2 3 1 ｜ 6. (3 5 6 1 3 5) ：｜

锈， 常备不懈把 国 保。

壮家"嘞哈"热爱毛主席

曾宪瑞词
钟庆民曲

1＝F 2/4 3/4

亲切、活泼 中速

(5.1 2 5 ｜ 3 3 ｜ 2.1 6 1 ｜ 5 5 ｜ 5.1 2 5 ｜

3 2 1 2 ｜ 3/4 1 1 1 1 ｜ 5 1 1 1 1) ‖ 5.5 5 5 1 ｜

1. 红艳 艳的 木
2. 金灿 灿的 葵

3 - 5 | 3. 1 3 5 | 5 - - | 3.5 5 5 5 3 |

棉　　　在　南　疆　开　放，　　壮　家　的"嘞

花　　　永　向　红　太　阳，　　壮　家　的"嘞

2 - 5 | 1 5 5 5 | 3 - - | 1 3 5 5 |

哈"　在　红　旗　下　成　长。　　学　政　治，

哈"　向　着　毛　主　席　歌　唱。　　车　间　里，

3 5 5 5 3 2 | 3 3 2 1 | 6 1 6 5 5 | 1 3 5 5 |

学　文　化，　三　大　革　命　当　课　堂，　思　想　红，

田　野　上，　学　工　学　农　谱　新　章，　教　室　里，

3 5 5 3 2 | 6 6 5 3 | 2 3 2 1 1 |

身　体　壮，　革　命　熔　炉　炼　纯　钢。

操　场　上，　勤　学　苦　练　歌　声　扬。

6 - 4 5 | 6 - - | 1 6 6 6 | 6 - 1 | 4 4 5 1 |

啊！　　　　壮　家　的"嘞　哈"　象　春　天　的　花

啊！　　　　美　好　的　赞　歌　象　漓　江　的　碧

1 - 6 1 | 4 - - | 1 1 1 1 | 1 - 4 | 2 2 2 5 |

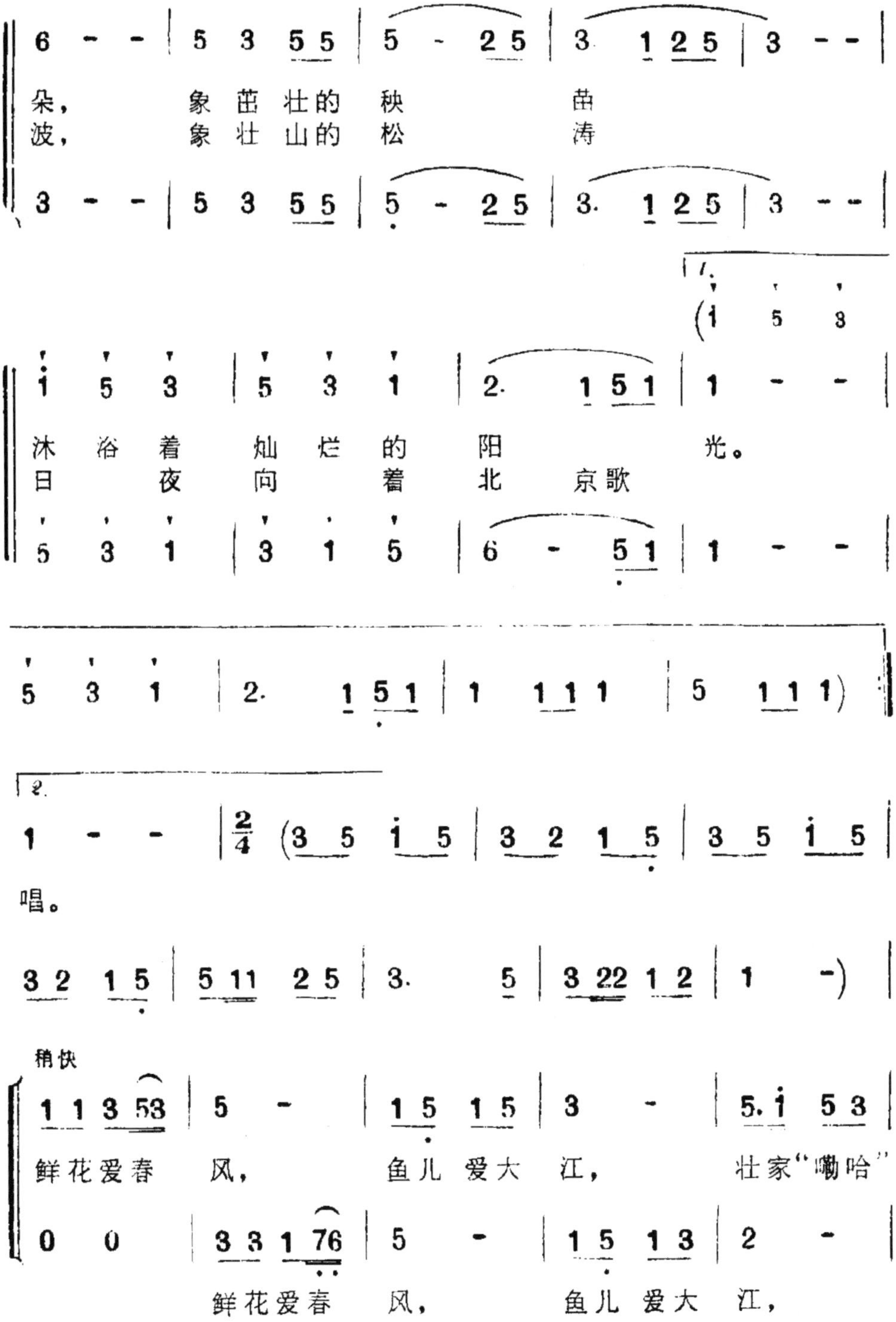
朵，象茁壮的秧苗
波，象壮山的松涛
沐浴着灿烂的阳光。
日夜向着北京歌
唱。
稍快
鲜花爱春风，鱼儿爱大江，壮家“嘞哈”
鲜花爱春风，鱼儿爱大江，

| 1 | 1̂ 5̂ | 3 5 5 5̣ 5̣ 3 | 2 | — | 1 | 3̂ 5 | 5. | 3 |

热 爱 心中的红太 阳， 毛 主 席 啊

| 3.5 3̣ 2̣ | 1 | 5 | 5̣ 5̣ 5̣ 1̣ 2̣ | 3 | — | 3 5 5̣ 3̣ |

壮家"嘞哈"热 爱 心中的红太 阳， 毛主 席啊

| 5̂ 3 5̂ 1 | 1̇ | — | 5. 1̇ 5 3 | 1 | 1̣ 5 | 3.3 3 5 |

毛 主 席！ 壮家"嘞哈"前 进在 您指引的

| 1 | 3̂ 5 | 5 | — | 3.5 3 1 | 1 | 1̣ 5 | 3.3 3 5 |

结束句

| 2̣ 1̣ 2̣ 5̣ | 1 | — | 1 | — ‖ 5. 1̇ 5 3 | 1 | 1̣ 5 |

革命 大道 上。 壮家"嘞哈"前 进在

| 2̣ 1̣ 2̣ 5̣ | 1 | — | 1 | — ‖ 3.5 3 1 | 1 | 1̣ 5 |

| 3.3 3 5 | 5̣ 3̣ 5̣ 1̣ | 1̇ | — | 1̇ | — | 1̇ | 0 ‖

您指引的 革命 大道 上。

| 3.3 3 5 | 5̣ 3̣ 5̣ 3̣ | 3 | — | 3 | — | 3 | 0 ‖

注，"嘞哈"是壮语，青少年学生之意。

青 春 战 歌

洪 源 词
晓 河 曲

1 = C 2/4

朝气蓬勃 进行速度

```
5 3 5 | i - | i  5 3 5 | 2 - | 2  5 3 5 : 5.4 3 i |

2.i 7 6 | 5  6 7 | iii iii | i  1 0 | 1 0  1 0 ) |

i  5.5 | 3  i | 3.4 5 6 | 5 - | 5  3.4
1.我  们的  青  春  红  似  火,      革  命的
2.壮  丽的  红  旗  把  路  弓,      美  好的

5  i | 7 6 7 i | 2 - | 5  1.2 | 3  3 | 3
朝  气  正  蓬  勃。      我  们是  红色  的
前  程  多  广  阔。      我  们是  革命  的

2.i 7 2 | 6 - | 2.i 7 6 | 5  6 7 | i - | i  0 |
新  一  代,      昂首阔步  唱  战  歌。
好  儿  女,      昂首阔步  唱  战  歌。

1  1.2 | 3  2.3 | 5.  6 | 3  0 | 2  2.3
肩  负着  前  辈的  希  望,      心  怀着
脚  下有  征  途  万  里,      胸  中有

5  1.i | 7  6 | 5 - | 1.i i | 0 5  3 5
人  民的  嘱  托,      经得起  艰  苦
红  心  一  颗,      干革命  四  海
```

149

```
6   6  | 2.2  2  | 0 3  2 1 | 7 6  5  | 3.    4  |
磨  炼，  顶得 住    险恶  风波。  { 跟    着
为  家，  为人 民    以苦  为乐。      跟    着

5 3  6  | 1.1  7 6 | 5   1.2 | 3  -  | 3   0 5 |
毛主 席，  永远 忠于  伟  大的  党，     把

5.  4 3 2 1 | 0 2 2 2  6 7 | i - | i  (535 | i - | i |
青  春献 给   亲爱 的祖   国。       国。
```

锻炼身体为革命

——纪录影片《体育新篇》插曲

张秋生　沈耀庭词

志　丹　应　炬曲

1 = C 2/4

有朝气　稍快

```
( 1.5  5.5 | 5.     | 3  3  | 1.6  5. | 0  2.5  5.5 |

  7   5  | i  3 5 | i   0 5 | 1 5  1 5 | i   0 ) |

  i 5  4 | 3   1 | i   1.2 | i   0 | 6   6.7 |
1.金色  的 阳  光   遍地  照，   绿   色的
2.我们  的 意  志   坚如  钢，   我   们的

  5   i | 2   2.3 | 2.   0 | 3.3  3 | 3   -  |
树苗    拍  手   笑，    我们 来   到
劲头    高  又   高，    锻炼 身   体
```

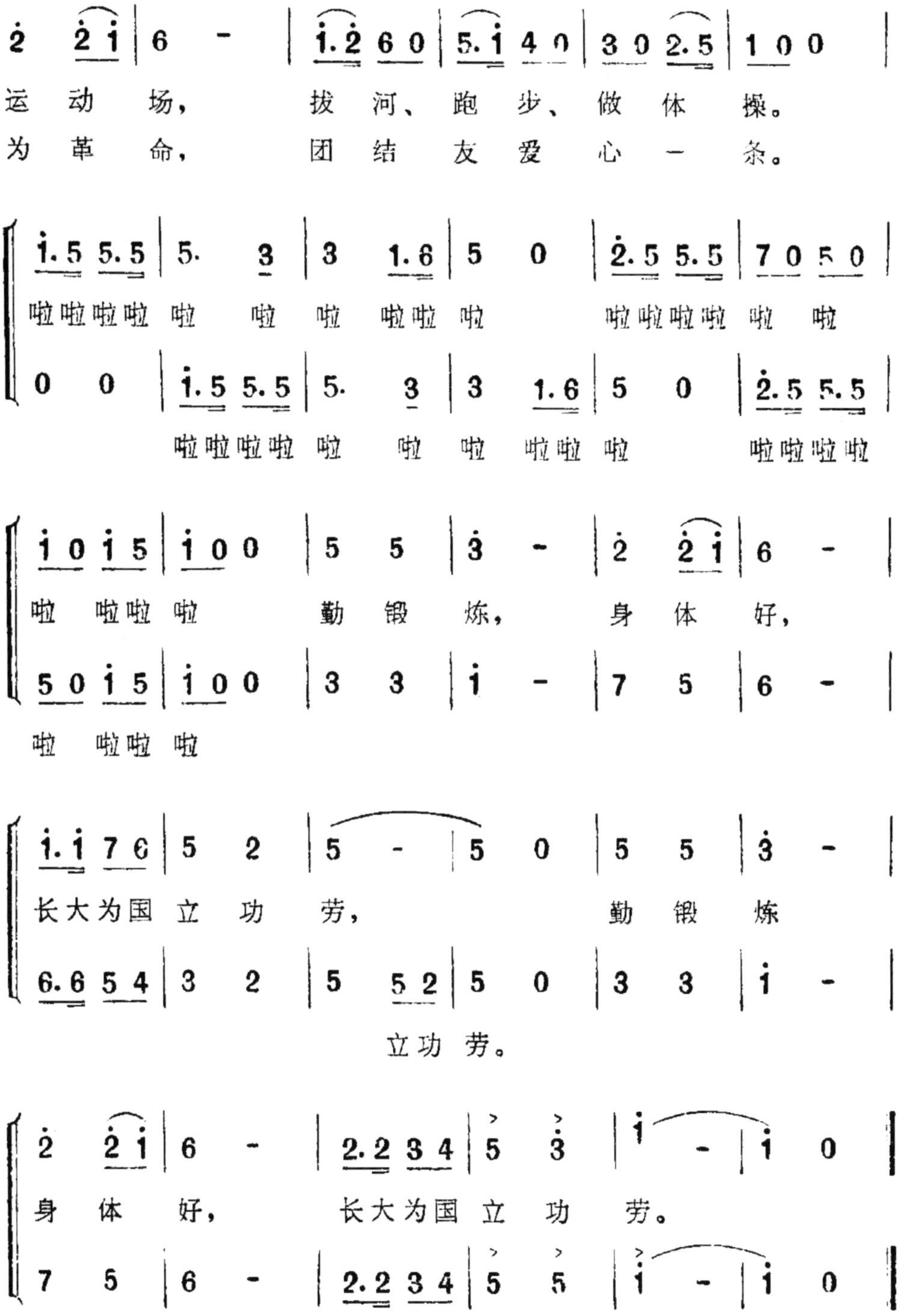
运动场，拔河、跑步、做体操。
为革命，团结友爱心一条。
啦啦啦啦 啦 啦 啦 啦啦 啦 啦啦啦啦 啦 啦
啦啦啦啦 啦 啦 啦 啦啦 啦 啦啦啦啦
啦 啦啦 啦 勤锻炼，身体好，
啦 啦啦 啦
长大为国立功劳，勤锻炼
立功劳。
身体好，长大为国立功劳。

少年运动员之歌

舒 扬词
王玉田曲

1=♭E 2/4

勇往直前地

(6. 66 | 6. 66 | 6 3 6 7 | ♯1. | i i ♯i 6 i 2 | 3. 33 |

3. 33 | 3 2 i 7 2 i 7 6 | i 7 6 5 6 5 4 3 | 5 55 5 5 | 1 2 3 ♯4) |

5. ♮4 | 3 2 | 1 (5 | 5 5) | 6. 5 |
1.2. 少 年 运 动 员　　　　　　　　顽 强

4 3 | 2 (6 | 6 6) | 1 7 | 6 1 |
又 勇 敢，　　　　　　　高 举 红 旗

4 5 | 6 6 | 7 7 6 | 2 5 | - |
大 步 向 前， 大 步 向 前!

2 3 | 4 4 | 5. 5 4 | 2 3 | - |

5 5 | i - | i 5 | i - | i 0 |
向 前 （向 前）, 向 前 （向 前）,

3 5 | i 5 | 3 5 | 6 4 | 2 0 |

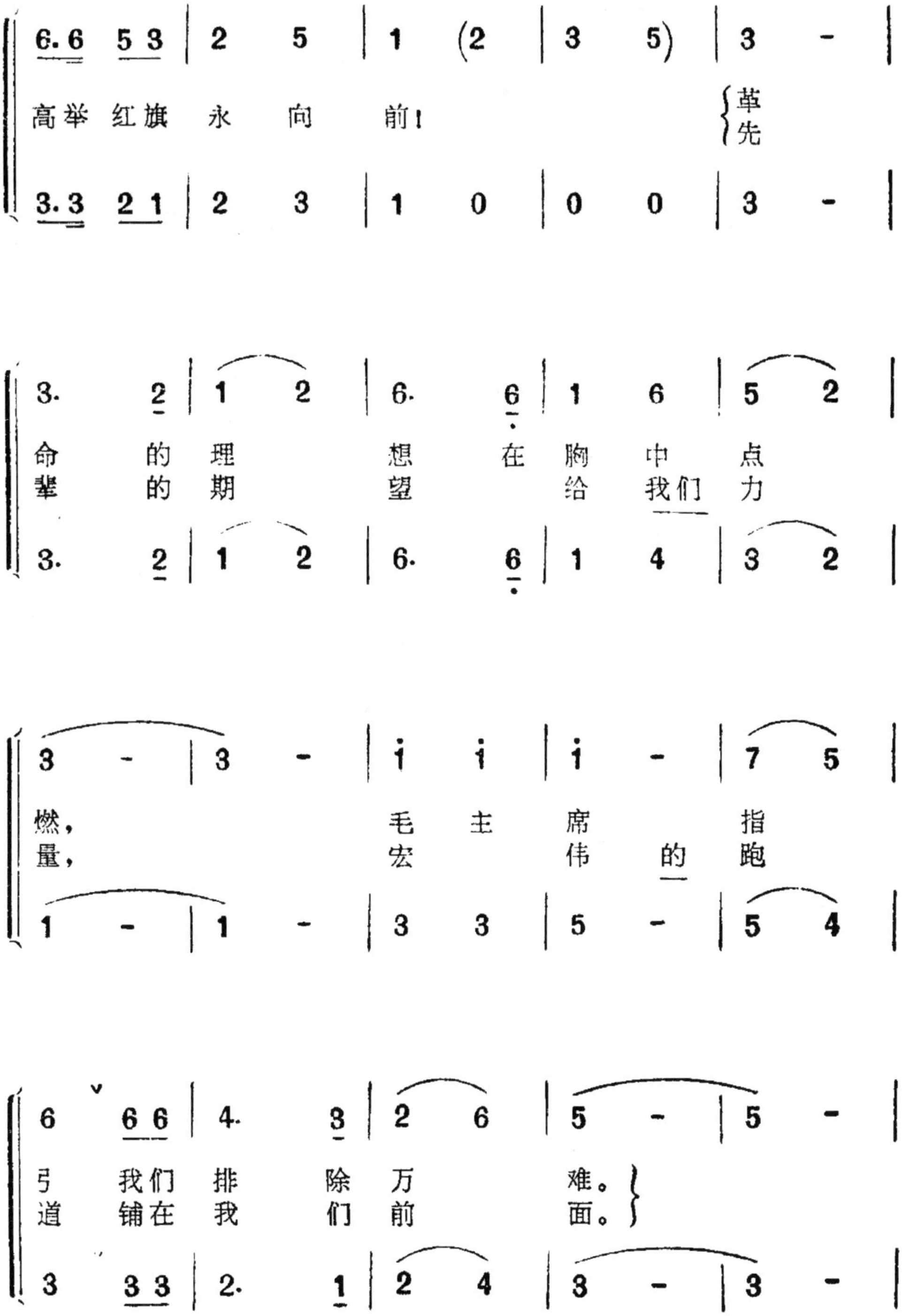
高举红旗永向前！
革
先
命的理想在胸中点燃，
辈的期望给我们力量，
毛主席指引我们排除万难。
宏伟的跑道铺在我们前面。

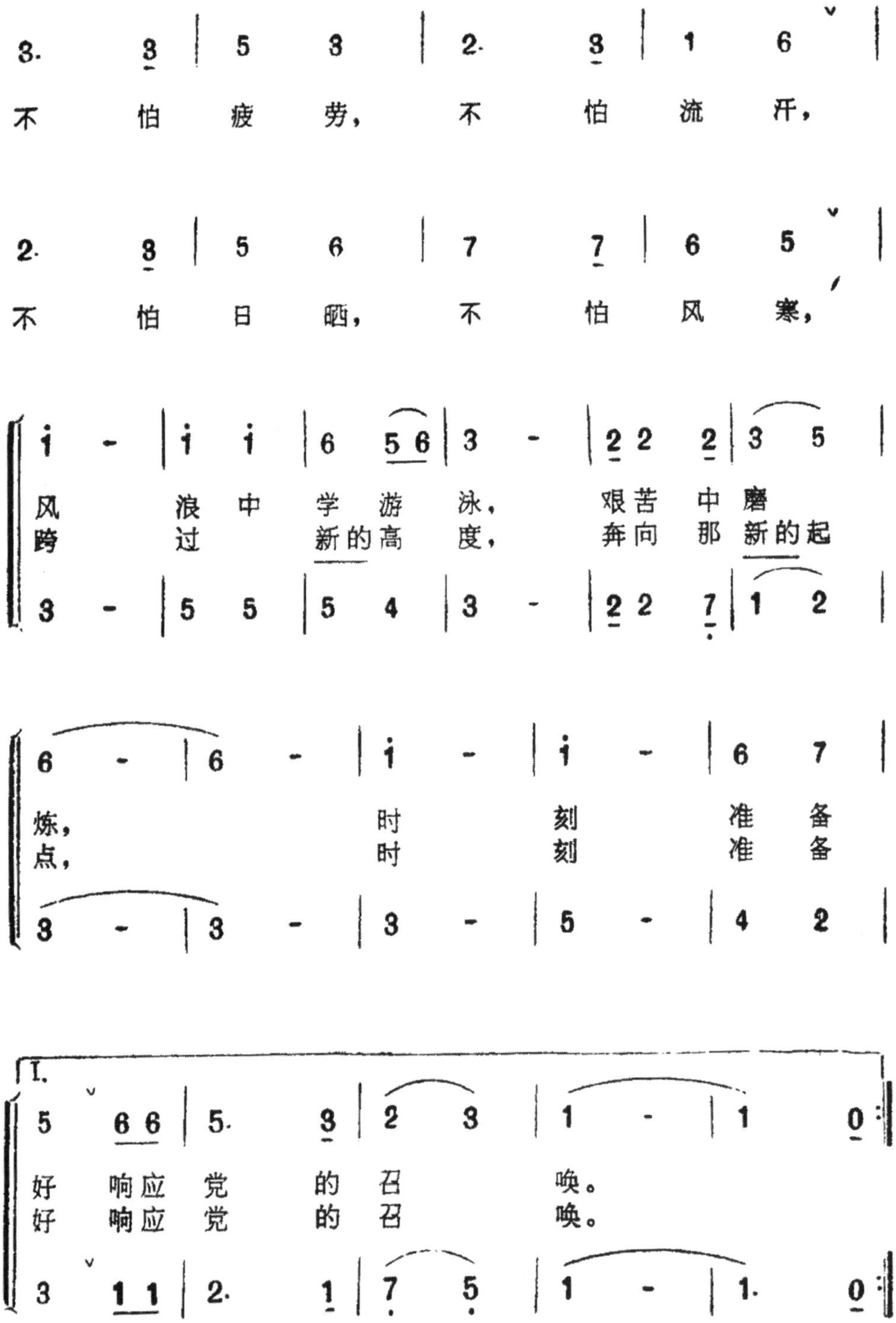
不怕疲劳，不怕流汗，
不怕日晒，不怕风寒，
风浪中学游泳，艰苦中磨
跨过新的高度，奔向那新的起
炼，时刻准备
点，时刻准备
好响应党的召唤。
好响应党的召唤。

好响应党的召唤。
好响应党的召唤。
结尾
"发展体育运动，增强人民体质"。"发展体育运动，
增强人民体质"。少年运动员，
少年运动员，
团结起来，团结起来！
为革命锻炼！

游击队歌

贺绿汀词曲

1=G 4/4

5 5 | 1 1 2 2 3 2 3 4 | 3 1 2 1 7 6 7.6 5 5 5 |
我们 都是 神枪手，每 颗 子弹 消灭 个 仇 敌，我们

1 1 2 3 4 5 6 5 6 | 5 3 2 4 3 0 5 |
都 是 飞行 军， 哪怕那 山 高 水 又 深。 在

1 1 1 2 2 3 2 3 4 | 3 1 2 1 7 6 7.6 5 5 |
密密的 树林 里， 到处都 安 排 同志们的 宿 营 地，在

1 1 1 2 3 4 5 2 3 4 | 3 1 1 2 7 1 - |
高高的 山岗 上， 有我们 无数的 好 兄弟。

3 3 3 2 2 2 | 3 2 3 2 1 7 6 5 |
没 有 吃， 没 有 穿， 自有那 敌 人 送 上 前，

3 3 3 6 6 6 | 2 2 2 3 #4 5 0 5 5 |
没 有 枪， 没 有 炮， 敌人给 我们 造。 我们

1 1 2 2 3 2 3 4 | 3 1 2 1 7 6 7.6 5 5 5 |
生 长 在 这里， 每 寸 土 地 都是我们 自 己 的，无论

1 1 2 3 4 5 2 3 4 | 3 1 2 7 1. |
谁 要 强占 去， 我们就 和 他 拚 到 底！

雄 鸡 高 声 叫

秧歌剧《兄妹开荒》选曲

王大化、李波、路由词
安　　　波曲

1=F 2/4

```
1̇·6 5 | 2̇·6 5 | 1̇ 6 5 4 2 | 5 - | 5 65 4 2 |
```
（男）雄　鸡　雄　鸡　高呀么高声　叫，　　叫　得
（男）边　区　边　区　地呀么地方　好，　　革　命
（女）太　阳　太　阳　当呀么当头　照，　　送　饭

```
5 65 4 2 | 2 5 2 1 ♭7 | 1 - | 2 5 ♭7 | 2 5 ♭7·7 |
```
太　阳　红　又　红。　　身　强　力　壮的
红　旗　迎　风　飘。　　延　安　开　了个
送　饭　走呀走一　遭。　　哥　哥　开　荒

```
2 5 5 2 1 | ♭7 - | 5 2 5 | 5 5 4 2 | 5 2 6 |
```
小　伙　子，　　要在那　大生产中　打呀先
群　英　会，　　各路的　劳动英雄　真呀不
多　辛　苦，　　莫让他　饿着肚子　来呀劳

```
4 2 1 | (5 2 5 | 5 5 4 2 | 5 2 6 | 4 2 1 ) |
```
锋。
少。
动。

```
1̇·6 5 | 2̇·6 5 | 1̇ 65 4 2 | 5 - | 2 5 5 5 1 |
```
扛　起　镢　头　上呀上山　岗，　　山呀么山岗
劳　动　英　雄　立呀立大　功，　　披红　又戴
挑　起　担　儿　上呀上山　岗，　　一头是米面

157

| 2 - | 2 5 5 5 1 | 2 - | 2 5 ♭7 | 2 5 ♭7 |

上，　　好呀么好风 光。　　我 站 得 高 来
花，　　真呀 真光 荣。　　人 人 都 能 把
馍，　　一头是 热米 汤。　　哥 哥 本 是

| 2 5 5 2 1 | 1 6 5 | 5 4 2 | 5 5 0 1 | 2.1 5 1 |

看得 远那么 依呀 嗨，　咱 们的 边区 到 如 今
劳动 英雄 做呀 嗨，　今 年的 生产 要 更加 油来
庄稼 汉那么 依呀 嗨，　送 给他 吃了 要 更加 油来

| 2.1 5 1 | 2 5 | 2 1 | 6 5 | 4 5 1 6 | 5 5 4 2 | 2 5 2 1 ♭7 |

成了一个 好(呀)地 方。　哪哈依呀 嗨嗨哎嗨 哪哈依 呀
更加劲来 多(呀)加 工。　哪哈依呀 嗨嗨哎嗨 哪哈依 呀
更加劲来 更 多 开 荒。　哪哈依呀 嗨嗨哎嗨 哪哈依 呀

| 1 0 1 | 2.1 5 1 | 2.1 5 1 | 2 5 | 2 1 | 6 5 | 4 5 1 6 |

嗨 到如 今 成了 个 好(呀)地 方。　哪哈依呀
嗨 要更 加油来 更加劲来 多(呀)加 工。　哪哈依呀
嗨 (齐)要 更加油来 更加劲来 更 多 开 荒。　哪哈依呀

| | 1.2. | | | 3. | |
| 5 5 4 2 | 2 5 | 2 1 ♭7 | 1 - :‖ | 2 5 | 2 1 ♭7 | 1 - ‖

嗨嗨 哎嗨 哪哈 依呀 嗨
嗨嗨 哎嗨 哪哈 依呀 嗨
嗨嗨 哎嗨　　　　　　哪哈 依呀 嗨

劳动党——英雄的党

阿尔巴尼亚歌曲

亚·巴努希词
切·扎得亚曲

1=♭A 2/4

歌颂地

（0 5 5.6 | 5 - | 5 3 6.6 | 6 - | 6 7 2.1 |

1. 　7 | 7 6 7 5 | 6 - | 6 5 6.3 | 5. 　7 |
　　　　　　　　　　　　　　　1. 在 苦　　难　　中
　　　　　　　　　　　　　　　2. 伟 大 的 英　　雄

1 2 3 2 | 5.3 5 | 5 5 6.3 | 6. 　7 | 1 2 3 2 |
迎着 暴 风 雨，　为 了 解　放 祖国 上 战
恩 维尔·霍 查，　祖国 给 我　们 无穷 力

5 - | 5 5 6.6 | 6. 3 | 7 6 3 2 | 3.2 3 |
场。　　啊 劳 动 党，　啊 英 雄 的 劳 动 党，
量。　　啊 在 高 山，　在 深 深 的 海 洋，

3 - | 3 3 1.1 | 1. 6 | 2 2 6 7 | 1.1 1 |
3 6 2.2 | 1 7 | 7 6 7 5 | 6 - | 6 5 6.6 6. 3 |
恩维尔 领 导 奔向 前 方。　我们 有 恩维尔 和
我们 在 开 采 祖国 的 宝 藏。　伟大 的 恩维尔 把

1 6 2.2 | 1. 7 | 7 6 7 5 | 6 - | 6 3 1.1 1. 6 |

$\overset{\frown}{7\ 6}$ $\underline{3\ 2}$ | $\underline{3.2}$ 3 | $\overset{\frown}{3}\overset{\frown}{6}$ $\underline{2.2}$ | $1.$ $\overset{\frown}{\underline{7}}$ | $\overset{\frown}{7\ 6}$ $\overset{\frown}{7\ 5}$ |

英 雄 的 劳动党，   古 老 的 祖   国 永 放 光

祖国 比 作 山 鹰， 列 宁 的 光   芒 照 耀 前

$\underline{2\ 2}$ $\underline{6\ 7}$ | $\underline{1.1}$ 1 | $\underline{1\ 6}$ $\underline{2.2}$ | $1.$ $\underline{7}$ | $7\ 6$ $7\ 5$ |

6 — | $6\ \underline{5\ 5.5}$ | $5.$ 3 | $\overset{\frown}{6}\ \underline{6\ 6.7}$ | 6 6 | $6\ 6\ 6\ 6$ |

芒。   党 锤炼 我 们 象那磐石 一 样，   要 我们

方。

6 — | $6\ \underline{1\ 1.1}$ | $1.$ 3 | $3\ 3\ 3.3$ | 4 4 | $4\ 4\ 4\ 4$ |

$6.$ 6 | $6\ 6\ 6$ | 7 — | $7\ 7\ 7\ 7$ | $\dot{1}$ 5 | $6\ 3\ 3\ 2$ |

时 刻 准备迎 接   一切战 斗， 党 使 我们 更

$4.$ 4 | $4\ 4\ 4\ 6$ | ${}^{\sharp}5$ — | $5\ {}^{\sharp}5\ 5\ 5$ | ${}^{\natural}5.$ 5 | $3\ 3\ 3\ 2$ |

$\underline{4.3}$ 5 | $5\ 6\ 6\ 2$ | 1 7 | $7\ 6\ 7\ 5$ | 6 — | 6 0 ‖

坚 强， 阿尔巴尼亚 勇 敢 向 前 方。

$\underline{4.3}$ 5 | $5\ 6\ 6\ 2$ | $1.$ 7 | $7\ 6\ 7\ 5$ | 6 — | 6 0 ‖

革 命 歌

——选自朝鲜民族歌剧《血海》第七场

1=G 2/4

```
5.5 | 1  1.2 | 3  3 3 4 | 5.  3 | 1  4.4 |
```

1.我们 是 燃 遍 全球的 烈 火，是砸
2.拿起 武 器吧，受 压迫的 人 们，挣脱

```
6. 4.4 | 3  2.2 | 1 - | 1  5.5 | 1  1.2 |
```

碎 锁 链的 铁 锤。 我们 希 望的
枷 锁吧，奴 隶 们。 我们 前 程

```
3  3.4 | 5.  3 | 1  4.4 | 6  4. 4 | 3  2.2 |
```

标 志是 红 旗，我们 高 喊 的 口号是斗
充 满着 希 望，前进 吧，勇 敢 地 向前

```
1 - | 1  3.4 | 5  3.4 | 5  4.3 | 4.  3 |
```

争。 } 任你 垂 死挣 扎，必将 灭
进。

```
2  2.2 5 | 1.1 2 | 1.2 3 - | 3  3.4 | 5  3.4 |
```

亡——吮吸我们鲜 血的反动 派。 在那 激 烈的

```
5  4.3 | 6.  5 | 2  5. 4 | 3  1.6 | 4  2.2 | 1 - |
```

最 后 决 战 中，我们的 队 伍要 壮 大百 倍！

越 南 — 中 国

越 南 歌 曲

杜 润词曲

1=C 2/2

欢快、热情地

越 南 中 国，山 连 山，江 连
越 南 中 国，团 结 紧，队 伍

江，共临东 海，我们友 谊 象朝
强，打击敌 人，我们并 肩 战斗有力

阳。 共 泳 一 江
量。 兄 弟 情谊

水，早 相 见，晚 相 望，清 晨
长，前 进 路 上 不 分 离，为 共同

共 听 雄鸡高 唱。 啊！
胜 利 高声歌 唱。 啊！

共 理 想，心 相 连，胜 利 的 路 上
共 理 想，心 相 连，列 宁 的 路 上

2 5 1 0 | 5̇ 2 - - - | 3 - - 0 |

红旗飘扬， 啊！
红旗飘扬， 啊！

2̇ 2̇ 2̇ 2̇ 2̇ | 2̇ - 1̇ 2̇ 3̇ | 2̇ - 1̇ 5 | 1̇ - - 0 |

我 们 欢 呼 万 岁 胡 志 明！ 毛 泽 东！
我 们 欢 呼 万 岁 胡 志 明！ 毛 泽 东！

嗨！鲁普

1=♭E 4/4

罗马尼亚歌曲

毛·维斯甘曲

6 3 0 6 3 0 | 6 3.4 3 - | 6 5.4 3 2 |

1. 嗨 鲁普！嗨 鲁普！嗨 鲁普！ 劳 动 队 员
2. 嗨 鲁普！嗨 鲁普！嗨 鲁普！ 前 进， 前 进，

‖1. 1 2.7 3 - ‖ ‖2. 1 1.7 6 - ‖ 1 1.3 5 5.4 |

在 战 斗。 在 战 斗。 我 们 不 怕
向 前 进！ 向 前 进！ 我 们 在 建 设

3. 2 1 - | 2 2.4 6 6.5 | 4 3 2 - |

风 雨 狂， 我 们 在 开 辟 胜 利 路。
新 世 界， 我 们 为 祖 国 歌 唱。

3 6 0 3 6 0 | 3 6 0 0 0 | 1̇ 1̇.6 7 1̇ 7 6 - - - |

嗨 鲁普！嗨 鲁普！嗨 鲁普！布姆！ 劳动队员在战 斗。
嗨 鲁普！嗨 鲁普！嗨 鲁普！布姆！ 劳动队员在战 斗。

费 达 伊

（游击队员）

1＝D 4/4

巴勒斯坦民族解放战士歌曲

强有力地 中速

0.i ‖i - 5 0 0 6│6 - 3 0 0 3│3.3 2 1 3│2 1 1│

1—3.费 达 伊， 费达 伊， 英勇的战 士 战斗在

3.3 2.1 2 0.2│2 - 6 0 7│7 - 5 0 0 4│

祖国大 地。 费达 伊， 费达 伊， 不

4.4 3 2 4 3 2 2│4.4 3.2 3 0.i‖4.4 3.2 3 0.5│

屈的人 民 战斗在 祖国大 地。 费 祖国大 地。 怒 狂 战

5.5 5 5` 0.6│6.6 6 6` 0 5 5│5.5 5 5` 0 6 6│

火在燃 烧， 热 血在沸 腾， 日夜 渴望解 放 我的
风在怒 吼， 硝 烟在弥 漫， 我的 人民齐 奋起， 和
旗在飘 扬， 大 地在震 荡， 在这 战旗下 面， 我

6.6 6 6` 0.i‖i.i 2.2 3 3 i.i│7.7 i.i 2 7.7│

土地、家 园。 我 冲破千难万 险，和 战友上了高 山，我
敌人 作 战。 我 仇恨填满胸 怀，我 杀敌冲在前 面，为
庄严宣 誓： 我 生为游击队 员，我 死为人民献 身，为

6. 6　7. 7　i　　6. 6　｜　5. 5　3. 4　5　　0. i

拿　起　武器　斗　争，打　　碎了　铁锁　链。　　我
革　命的　土　地，为　　巴　勒斯　坦。　　我
国　家　得到　自　由，要　　重返　家　园。　　我

| II. | 结束句 |

5. 5　3. 4　5　　0. i　‖　5. 5　　6. 7　　i

碎了　铁锁　链。　费　　　巴　勒斯　坦。　费　　重返　家　园。

坦桑尼亚，我衷心热爱你

1 = F　4/4　　　　　坦桑尼亚歌曲

5.　　3 i.　　i　｜　7 6 5 3 0 6 5 4 2　｜　3 4 6 6 5　－

坦　桑尼　亚，坦桑尼亚，我　衷心　热爱　你，

5.　　3 i　　i　｜　7 6 5 3 0 6 5 4 2　｜　3 4 3 2 1　－

我　的祖　国　坦桑尼亚，你的名字　多么亲　切。

0 3 2 1 6 6 i 7 6　｜　6 5 5　－　－　　4.　　3 3 4 6 5 4

我常在睡梦中梦　见你，　　　醒　来时我　祝你

3 2　1 2　2　　－　｜　5.　　3 i.　　i

繁荣　富强。　　　　坦　桑尼　亚，

7 6　5 3　0 6 5　4 2　｜　3 4　3 2 1　－

坦桑　尼亚，我　衷心　热　爱　你。

鼓足干劲，力争上游

张 万 舒

工人阶级英雄汉，
要为祖国多贡献。
大庆道路咱们走，
《鞍钢宪法》咱照办，
我们是革命的主力军，
说到做到，说干就干！
闹革新，闯难关，
集体力量大无边，
炉火烧得旺啊，
机器轰隆转，
鼓足干劲，力争上游，
优质低耗天天夺高产。

贫下中农英雄汉，
要为祖国多贡献。
大寨道路多宽广，
昔阳经验是样板，

我们是国家的主人翁，
说到做到，说干就干！
出大力，流大汗，
千军万马同心干，
调动千江水啊，
搬走万座山，
鼓足干劲，力争上游，
祖国处处变成米粮川。

革命战士英雄汉，
要为祖国多贡献。
革命红旗高高举，
"南泥湾"精神代代传，
我们是人民的子弟兵，
说到做到，说干就干！
顶酷暑，斗严寒，
山南海北同奋战，
军事训练忙啊，
挥镐闹生产，
鼓足干劲，力争上游，
钢铁边防处处捷报传。

战 士 行 军 歌

郑　　南

宽广的路是红军开，

参天的树是红军栽，

踏着红军的脚印走，

我们生龙活虎向前迈。

走过城市村庄，

走过金山银海，

毛主席的革命路线光辉灿烂，

高举红旗走来了红军的后一代。

前进的路有我们开，

茁壮的幼苗我们栽，

吹起红军冲锋的号，

我们勇往直前向未来。

不怕风吹雨打，

不怕刀山火海，

毛主席的革命路线所向无敌，

千难万险挡不住红军的后一代。

我们是光荣的共青团员

黎　琦

我们是朝气蓬勃的革命青年，

我们是光荣的共青团员，

在祖国的春天里茁壮成长，

在时代的风雨中经受锻炼。

敬爱的毛主席，对我们寄托着无限希望，

亲爱的党，向我们发出亲切召唤。

革命征途，任重道远，

努力学习，又红又专。

和工农群众永远结合，

踏着前辈的足迹勇敢向前。

我们是朝气蓬勃的革命青年，

我们是光荣的共青团员，

在庄严的党旗下列队宣誓，

为共产主义事业把青春贡献。

敬爱的毛主席，您的革命路线照亮航程，

亲爱的党，为我们扬起万里风帆。

接过红旗，挑起重担，

满怀豪情，奔向明天。

和亿万青年团结战斗，

推动历史的车轮滚滚向前。

编　　后

《革命歌曲选》出版至今已将近两年了。过去每年编出四集，从今年起，计划改为每年六集（不定期出版），以适应读者对革命歌曲的广泛需求。

《革命歌曲选》选载各省市自治区有关文化部门推荐的作品、各地区及部队会演的优秀作品以及转载地方上发表的好作品，同时欢迎音乐工作者和广大工农兵读者踊跃投寄各种革命题材的、体裁形式不同的作品（以小型作品为主）。来稿务请注明词曲作者真实姓名及所在工作单位、地址。由于目前来稿很多，编辑部限于人力，除考虑备用或准备刊登的稿件当及时与作者进行联系之外，一般来稿不拟退复（整批来稿要求退稿者不在此例），希作者自留底样。由外单位转来我编辑部的稿件，除选载者外，一律留我社作参考资料，希予鉴谅。

为提高读物质量，更好地适应客观的要求，《革命歌曲选》欢迎广大读者对歌选的内容、形式、出版及其它方面多提批评意见，以利改进。

怎样指挥唱歌

秋　里

在开展群众性的歌咏活动中，做为指挥必须坚持文艺为工农兵服务的方向，积极地反映工农兵的斗争生活，热情地歌颂社会主义革命和建设，歌唱社会主义新人的精神面貌。每唱一首革命歌曲，都要使听众能受到一次阶级教育和传统教育，并能鼓舞人们的劳动热情。指挥唱歌首先要引导大家正确地理解作品的内容，然后通过排练去启发演唱者的革命激情。一般来说，指挥一首歌曲，从熟悉作品、理解作品、分析作品、处理作品到表现作品，是一个全过程。从不同题材和类型的歌曲内容出发，去正确地表达歌曲的思想感情。例如：《战地新歌》中《工农兵，革命路上打先锋》这首歌，同一曲调三段歌词，必须处理得宜，突出重点，唱得坚定而富有朝气，必要时还可根据歌词内容结合大好形势去启发演唱者的情绪。如：歌词开头"工农兵心最红，嘿！革命路上打先锋"……，重点应突出"工农兵"和"革命路上打先锋"，要唱出国家主人翁的自豪感，唱得饱满有力。其中的"嘿！"字是为了加强自豪感的，所以更要突出地按节奏喊出来。为了表现这种感情，指挥应注意起拍有力，拍子准确，唱得整齐，就能达到预想的效果。如：

1. 原谱

```
5  5|5   i|5·6  32|1  0|i·  i|6  5|2  6|5  0|——
工 农兵    心   最   红,嘿!革 命 路 上 打 先锋。
```

2. 指挥处理

```
5  5|5   i|5·6  32|1  0|i·  i|6  5|2  6|5  0|——
工 农兵    心   最   红,嘿!革 命 路 上 打 先锋。
```

3. 拍子

〔起〕   〔有力〕   〔收〕

　　起拍的同时也是给呼吸的动作，指挥歌曲起拍呼吸很重要，还有"收"的动作要有拍子"点"，收在"点"上才能收得整齐。另一点是歌曲的结尾动作，如:

1. 原谱
```
i6  53|5   2|i  —|i  0‖
战斗 步伐 永   不   停
```

2. 指挥处理
```
i6  53|5   2|i  —|i  0‖
战斗 步伐 永   不   停
```

3. 拍子

〔收〕

既然是齐唱，就要唱得整齐，为了唱得整齐，就要注意到起拍和收拍的准确性。只有注意到这两点，才能集中声音力量唱好一首歌，否则起得不齐，收得不准，力量分散就不易感人。如果歌咏队是混声的，有男有女，可将三段歌词分开演唱，第一段词用男声唱，第二段词用女声唱，第三段词男女齐唱，这样既有色彩上的变化，又有力量上的对比，结尾还能达到高潮，感染力就更强。另外可以处理为齐唱、领唱、齐唱等。目的是唱起来有变化，听起来很新颖。

为了更好地表现歌曲，谈谈指挥应怎样组织排练和掌握指挥的基本知识：

一、排 练 歌 曲

在开始练唱歌谱时，调子的音高要起得准确，还要十分注意到音准、节奏和呼吸，力求先将歌谱唱准唱会，然后再根据乐句标上呼吸记号，在统一规定的记号上呼吸。也要注意唱词的准确，先将歌词的尖音、团音、子音、母音分清，再从演唱的字头、字腹、字尾、归韵方面提出要求。指挥可带领大家按歌曲的音乐节奏打着拍子一起朗读。这样不但可以念得正确，而且也训练了节奏感，既能念得一致，又能唱得统一。

例如：

（1）X XX | X - | X XX | X - |

东 方 红， 太 阳 升，

中国　　出　了个　毛泽　东。

（2）学习雷　　锋　　好榜　　样，

忠　于人　民　忠于　　党。

唱字正确与否，直接关系到歌词内容、语气以及形象的准确性。因此，在排练过程中特别要注意掌握好难唱字的字头和归韵，发音口形也不可忽视。如：唱"样"字，口形稍不注意就会唱成"呀"字；唱"党"字，口形一放松就会唱成"答"字；"红"不能唱成"侯"；"升"不能唱成"深"等等。对其它一些难咬的字也要采取同样的练习方法。

指挥唱歌，要严格掌握呼吸，把呼吸安排得当，唱起来省劲而且整齐有力，并能准确地表达词意和保持句子的完整。否则，只靠自然呼吸，力量分散，也不易唱得整齐，还可能改变词意，并影响音准。

呼吸方法基本上有三种：

1.声部呼吸。轮唱时声部与声部之间可根据声部的乐句安排呼吸。

2循环呼吸。长乐句词意不断时，可安排循环呼吸，保持歌词句子的完整。

3. 统一呼吸。

二、处理歌曲

演唱一首歌曲时，从头到尾没有处理，只是划出"一二三四"的拍子，既没有形象又没有高潮，唱得平平淡淡，就达不到应有的政治与艺术效果。任何一首歌曲唱得好坏，主要决定于指挥的处理。这种处理必须从内容出发，根据作品意图找出生活依据，以工农兵和广大劳动人民群众的时代感情为主体，找出作品高潮和精华的部分，并采用独特、新颖、感人和有创造性的表现手法去处理歌曲，使它更富有生命力和感染力。那么指挥就要学会一些表现歌曲的手段。一般来说，指挥在排练前，都要根据歌曲内容的需要，在曲谱上设计两种表情记号，一种是力度记号，指强弱而言；一种是速度记号，指快慢而言。指挥表现任何一首歌曲都离不开这两种符号。

1. 力度符号可分三种：

（1） *ppp*   *pp*   *p*   *mp*   *mf*   *f*   *ff*   *fff*

最弱   更弱   弱   中弱   中强   强   更强   最强

（2   *cresc*   *dim*

渐强   渐弱

（3   *sf*

特强

2. 速度符号可分两种：

（1）快速、中速、慢速

（2）稍快、稍慢、渐快、渐慢

指挥还要掌握旋律线条、节奏特点、和声、调性及歌曲的风格等。

当指挥掌握了表现手段，就可以研究歌曲的风格：它是进行曲的呢，还是革命抒情的、激昂的、叙事的、风趣的等等。根据作品内容、曲体、风格的要求，再进一步去分析歌曲的变化，决定速度快慢和强弱的处理。

三、指挥的基本动作

学指挥重要的是学会分析歌曲、处理歌曲和表现歌曲，但必须掌握指挥的基本图形原理。下面把各种拍子的打法和指挥基本图形原理介绍如下：

1.单拍子：单拍子是指一拍、二拍、三拍，而言，它的特点是都有一个重拍。

一拍：$\frac{1}{4}\left(\frac{1}{2}\right)$

二拍：$\frac{2}{4}\left(\frac{2}{2}\right)$

三拍：$\frac{3}{4}\left(\frac{3}{8}\right)\left(\frac{3}{2}\right)$

2.复拍子：复拍子是指四拍、六拍而言。它的特点是有两个重拍。复拍子是从两个单拍子组合而来。

如：四拍：$\dfrac{4}{4}$，$\left(\dfrac{4}{8}\right)$ $\left|\overset{>}{5}\ 5\ \overset{>}{5}\ 5\right|$

六拍：$\dfrac{6}{4}$，$\left(\dfrac{6}{8}\right)$

（1）分解指挥法 $\left|\overset{>}{5}\ 5\ 5\ \overset{>}{5}\ 5\ 5\right|$

（2）合拍指挥法

六拍中的第二个图一般是在快速时运用，$\dfrac{6}{8}$ 乐曲用的时候多，虽然它与二拍子图形基本相似，但在手腕的流动过程中，一定要有六拍子的节奏感，但又不是分成六个"点"，它的"点"应放在重拍（一）和次重拍（四）上面。

指挥如果掌握了以上这两种拍子，并能抓住它的拍子特点和指挥图形原理，一般作品基本上都可以指挥了。但是必须经常不断地结合具体作品进行各种节奏的练习。

练习方法：先将各种节奏单手分解练习，然后再合起来。

如： **2/4**

右手 | X X　X X　X | O X X X X.　X | X － ‖
(1)
左手 | X　X | X.　X X | X　－ | X X　X X ‖

右手 | X.　X X　－ | X X　X X. | X　X | X　－ ‖
(2)
左手 | X X.　X | X　X | X　X | X X X | X　－ ‖

　　这种练习对指挥歌曲会有很大帮助。先按两手分工的节奏单练，然后合起来练习，熟练之后，就会逐渐掌握一些指挥手法。其它各种拍子的练习，都可参照这两条练习方法练习之。

　　当你掌握了指挥的基本图形原理之后，还要学会不同节奏的起拍方法，起拍与呼吸是同一个动作，起拍及呼吸的长、短、快、慢要根据作品的速度、力度来决定，作品的速度快呼吸就要短，作品的速度慢呼吸就要长，如果音乐从第一拍开始，呼吸动作应放在第一拍的前一拍准备。

　　如：

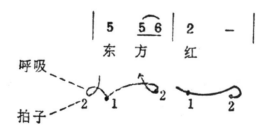

第一拍开始，呼吸动作应放在第一拍准备。如：

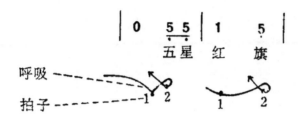

第二拍后半拍开始，呼吸应放在第二拍前半拍准备。如：

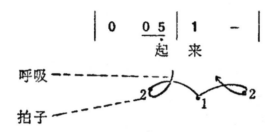

其它起拍、呼吸动作以此类推。

对一个业余指挥来讲，只要不断地在指挥实践中进行锻炼，努力学习指挥知识，并注意观摩别人的指挥排练，从中吸取好的方法，总结经验，就会很快得到提高。

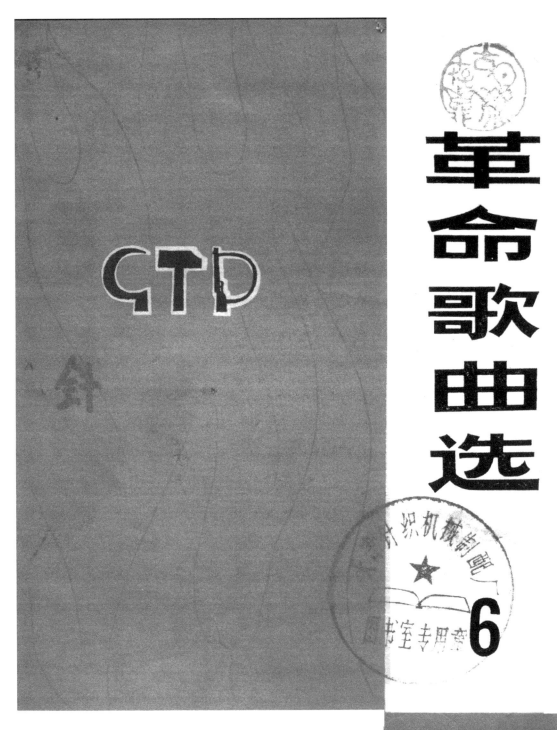

革命歌曲选

6

1973

人民文学出版社

革 命 歌 曲 选

第 六 集

人民文学出版社
一九七三年·北京

革 命 歌 曲 选 **第六集**

人 民 文 学 出 版 社 出 版

（北 京 朝 内 大 街 166 号）

曲谱 44 面　　　开本 787×1092 毫米 $\frac{1}{32}$　　　印张 1 $\frac{1}{2}$

1973 年 12 月北京第 1 版　　　1973 年 12 月北京第 1 次印刷

书号 10019·2129　　　定价 0.12 元

北 京 印 刷 三 厂 印 刷　　　**新 华 书 店 发 行**

针织机厂的图书流落在
地摊上贱售，被古月斋收购，
可悲的文
革歌唱
曲。

目　录

谱写更多更好的革命接班人的战歌

党的十大放光彩

覃 明词
曹俊山曲

$1 = {}^{b}A$ $\frac{2}{4}$

欢快

（5.　　66｜5 6　5 3｜7.　　66｜7 6　7 5｜6.6　5 4｜

3 5　2　｜1 55　6 7｜1　0）｜5.5　1 2｜3　1｜

1. 天安　门上　红　旗
2. 文化　革命　凯　歌

5　4.3｜2　-｜3 3　2 3｜2　1｜2　3.6｜

迎　风　摆，　　江南　塞北　彩虹　飞　起
震　天　外，　　批林　整风　捷报　传　四

5　-｜1.　7｜6　5｜1.1　2｜3　-｜

来，　　万　里　山河　鲜花　开　放，
海，　　形　势　大好　人心　欢　畅，

2 2　3｜5　6.3｜5　-｜5　-｜6.　5｜

党的　十　大　　　　放
党的　十　大　　　　放

3 5　2｜1　-｜1　5｜5　-｜5　6.6｜

光　彩。　　万　岁！　　万万
光　彩。　　万　岁！　　万万

$$5 - | 5 - | \underline{6} \; \underline{6} \; \underline{6} | 5 \; \underline{4 \; 3} | 2 \; \underline{1 \; 2} |$$

岁! 　　　　伟　大　的　中　国　共　产

岁! 　　　　伟　大　的　中　国　共　产

$$3 - | 2. \; \underline{2} \; 5 \; 5 | 4. \; 3 | 2 \; \underline{1.3} |$$

党，　　朝　气　蓬　勃　步　伐　多　豪

党，　　反　帝　反　修　阔　步　朝　前

$$2 - | 2 \; \underline{5} \; 5 - | 5 \; \underline{6.6} \; 5 - | 5 - |$$

迈。　　万　岁!　　万　万　岁!

迈。　　万　岁!　　万　万　岁!

$$\underline{6} \; \underline{6} \; \underline{6} \; 5 \; \underline{4 \; 3} | 2 - | 3 \; 5 | 6 - | 6 - |$$

伟　大　的　领　袖　毛　　主　　席，

伟　大　的　领　袖　毛　　主　　席，

$$4 \; 4 \; 4 \; 3 \; 3 | 2 \; 6 | 5 - | 5 - | \underline{6} \; \underline{6} \; 5 |$$

团结胜利的　道　　路，　　　　是　您

您率领着　我　　们，

$$\underline{3.5} \; 2 | 1 - | 1 \; 0 : | 6 \; \underline{6} \; 5 | 6 \; 5 \; \underline{3 \; 5} |$$

亲　手　开。　　　　奔　向　共　产　主　义

$$7. \; \underline{7 \; 7} | 6 \; 5 | \dot{1} - | \dot{1} - | \dot{1} - |$$

光　辉　的　未　　来。

伟大的党领导我们前进

陈克正词

晓 河曲

1 = A 2/4

进行速度

```
(5 55 55 | 5 - | 5 55 55 | 5 - ‖: 6.5 46 |
5.4 35 | 2 55 32 | 10 1513 | 50 50 | 50 50 )
5.3 56 | 5. 13 5. | 6 5 - | 6. 5 432 |
```

1. 冲过暴风 雨，踏平万 重 浪， 高 唱《国际歌》，
2. 道路宽又 广，前程更 辉 煌， 步 伐 永不停，

```
1.7 65 | 2 - | 5.3 56 5 | 13 5.3 56 | 5 - |
```

心向 红太 阳。 伟 大的党 领导我们前 进，
豪情 满胸 膛。 伟 大的党 领导我们前 进，

```
6.5 46 | 5.4 35 | 2.5 32 | 1 05 | 33 3 21 | 22 1 |
```

亿万人民 一个目标 一个方 向。 看！马列主义的 旗帜
继续革命的滚滚洪流 不可阻 挡。

```
7.6 72 | 6. 6 | 22 212 | 31 6 | 5.5 12 | 3. 5 |
```

高高飘 扬， 听！团结胜利的 凯歌 多么嘹 亮。 向

```
1.
6 | 20 4.6 | 5 - | 5 | 11 6. | 5 41 46 |
```

前， 向前，向 前！ 沿着毛 主席的革命

```
5.  4 | 3  0 1 3 | 5.3 5 6 | 3.1 2 2 | 5 1 | 7· 6· | 6 |
路      线，   我们 朝气蓬勃，斗志昂扬，英勇  奋 战， 奔
```

```
5.  4 | 3 3 3 21 | 2 5 | 1. 0 (5135 : | 1 1.3 | 5 - |
向    那 共产主义  前  方！    方！同志 们，
```

```
5  4.6 | 5 - | 5 5 | i - | i - | i 0 |
向  前，     向  前！
```

革命——有我们这一代来接班

秦光涛词

康守信曲

1=D 2/4

豪放、朝气蓬勃 稍快

```
5 - | 5.  6 | 5 1.3 | 2 5 | 1. 7· | 6 6 |
1.红   旗  在  手，  重 任 在
2.火   海  敢  闯，  刀 山 敢
```

```
5 - | 5 - | i - | i. 2· | i 4.6 | 5 1 |
肩，    革  命——有 我  们
攀，    革  命——有 我  们
```

```
4 4 | 3 2 | 6.5 | 3 - | 3 - | 5 5 | 1 1 0 2 |
这 一 代 来 接 班。  我 们 坚强，象
这 一 代 来 接 班。  我 们 团结，象
```

8.3 21 | 2̇ 5 0 | 6̇ 6̇ | 2 2 0 3 | 4.4 4 3 | 2̇ 5 0 |

霜雪 里的 青松；　我　们　勇敢，象　风雨中的　海燕。
江河 汇成 大海；　我　们　磊落，象　岩石立在　高山。

6 - | 6. 7̇ | 1̇ 1̇ 5 5 | 6 3 | 2 6̇ 5 | 3.1 2 3 |

文　　化　　大革命的　烈　火　把我　们　千锤百
阶　　级　　斗争的　风　浪　擦亮了　我们双

6 - | 6 1 1 | 4. 5 6 | 2̇ 2̇ 1̇ | 7.6 5 | 6 7 |

炼，　　毛泽　东　思　想的雨　露　滋
眼，　　马　列　主　义的光　辉　照

1̇. 6 | 5 1 1 | 3 6.5 | 2 - | 2. 0 |

润　　着　我　们的　心　　田。
耀　　着　我　们　向　　前。

1 1 3 | 5.6 5 | 7 7 5 | 6.7 6 | 0 5 6 5 |

胜利 的 信 心，　理 想 的 火 焰，　鼓 舞着
人类 的 希 望，　时 代 的 召 唤，　激 励着

1̇ 2̇ | 3̇ - | 3̇ - | 3̇ 2̇ 1̇ | 7 6.6 |

我　　们　　奔　向　壮　丽的
我　　们　　奔　向　壮　丽的

[1.] 5 2 | 1̇ - | 1̇ 0 : [2.] 5 - | 2̇ - | 1̇ - | 1̇ - |

明　天。　明　　天。

189

革命青年志在四方

简其华词曲

1=♭E 2/4

豪迈地 进行速度

1.革命道路上 洒满了 阳光，壮志豪情满 胸膛，我们奔向 农村 奔向边 疆，革命青年志在四方。广阔天地 就是 课堂，三大革命中当闯将，我们接受贫下中农

2.向着红太阳 放声 歌唱，革命青年跟 着党，定要实现 共产主义 伟大理 想，火红的青春永放光芒。不怕狂风 不怕 暴雨，象那海燕展翅飞翔！我们身在农村

$\overset{\frown}{2.1}\ 6\ |\ 6\ \overset{\vee}{\underline{5\ 5}}\ 5.\ |\ 6\ \overset{\frown}{\underline{3.1}\ 2}\ |\ 1\ -\ |\ 1\ 1\ |$

再　教　育，大风浪　里　锻炼成　长。　　　前
放眼世　界，五洲风　雷　胸中激　荡。　　　前

ff

$6\ -\ |\ 6\ 5\ |\ \overset{\frown}{1\ -}\ |\ i\ \underline{3.4}\ |\ 5\ 5\ |$

进，　　　　前　进！　　　前　进　在
进，　　　　前　进！　　　革命　前　程

$4\ -\ |\ 4\ 5\ |\ 3\ -\ |\ 3\ \underline{1.2}\ |\ 3\ 3\ |$

$\underline{6.5}\ 6\ \dot{1}\ |\ 5\ \overset{\vee}{1}\ |\ 6\ -\ |\ 6\ 5\ |\ \overset{\frown}{1}\ -\ |$

革命　路线　上！前　进，　　　前　进！
灿烂　辉　煌！前　进，　　　前　进！

$\underline{4.3}\ \underline{2\ 2}\ |\ 5\ 1\ |\ 4\ -\ |\ 4\ 5\ |\ 3\ -\ |$

1.

$\dot{1}\ \underline{3.4}\ |\ 5.\ \underline{6}\ |\ 3\ 2\ |\ \overset{\frown}{1\ -}\ |\ 1\ (\underline{5\ 5}$

我们　心　向红　太　阳。
跟着

$3\ \underline{1.2}\ |\ 3.\ \underline{1}\ |\ 6\ 7\ |\ \overset{\frown}{1\ -}\ |\ 1\ 0$

渐慢

2.

$\underline{5\ 5}\ 5\ |\ 6.\ \underline{5}\ |\ \overset{\frown}{6\ 7}\ |\ \overset{\frown}{\dot{1}\ -}\ |\ \dot{1}$

毛主席　奔　向　前　方！

$\underline{3\ 3}\ 3\ |\ 4.\ \underline{3}\ |\ 4\ 5\ |\ 3\ -\ |\ 3$

前进! 革命的知识青年

葛运池词曲

1=♭E 2/4

朝气蓬勃 进行速度

(5.5 | 1 - | 1 6 7 2 | 1 7 | 6 5 6 | 2 1.2 |

3. 6 | 5.4 3 1 | 2 3 | 1 555 1) 0 5 | 1 1 1 1 5 |

1.2.听!战斗的号角

3 2 1 5 | 5 6.5 | 3. 6 | 2 2 2 2 3 | 4 3 2 1 |
多嘹亮, 多 嘹 亮, 看! 鲜艳的红旗 迎风扬,

6 7.6 | 5 5 5 5 | 1 - | 7. 6 | 5.5 6 5 |
迎 风 扬, 我们是革 命 的 知识青

2 0 2 | 6.1 7 6 | 5 3 3 | 2 2 3 | 2 1 |
年, 到 农 村、到 边 疆, 把 一 生 献 给

5 - | 5 1 1 1 | 6 - | 4. 6 | 1 7 6 5 | 6 |
党。 要让那 火 红 的青春迎朝
要让那奔 腾 的江河上山

3 - | 3 1 1 1 | 4 - | 6. 1 | 5 4 3 2 | 3.5 |
阳, 要让那崇 高 的理想谱新
岗, 要让那沉 睡 的沃野泛金

2 - | 2 3 3 2 | 1 5.5 | 5 3 | 2 1.7 | 6 3 3 5 |
章, 要让那钢 铁的臂膀负重 任,要让那
浪, 要让那初 生的幼苗扎下 根,要让那

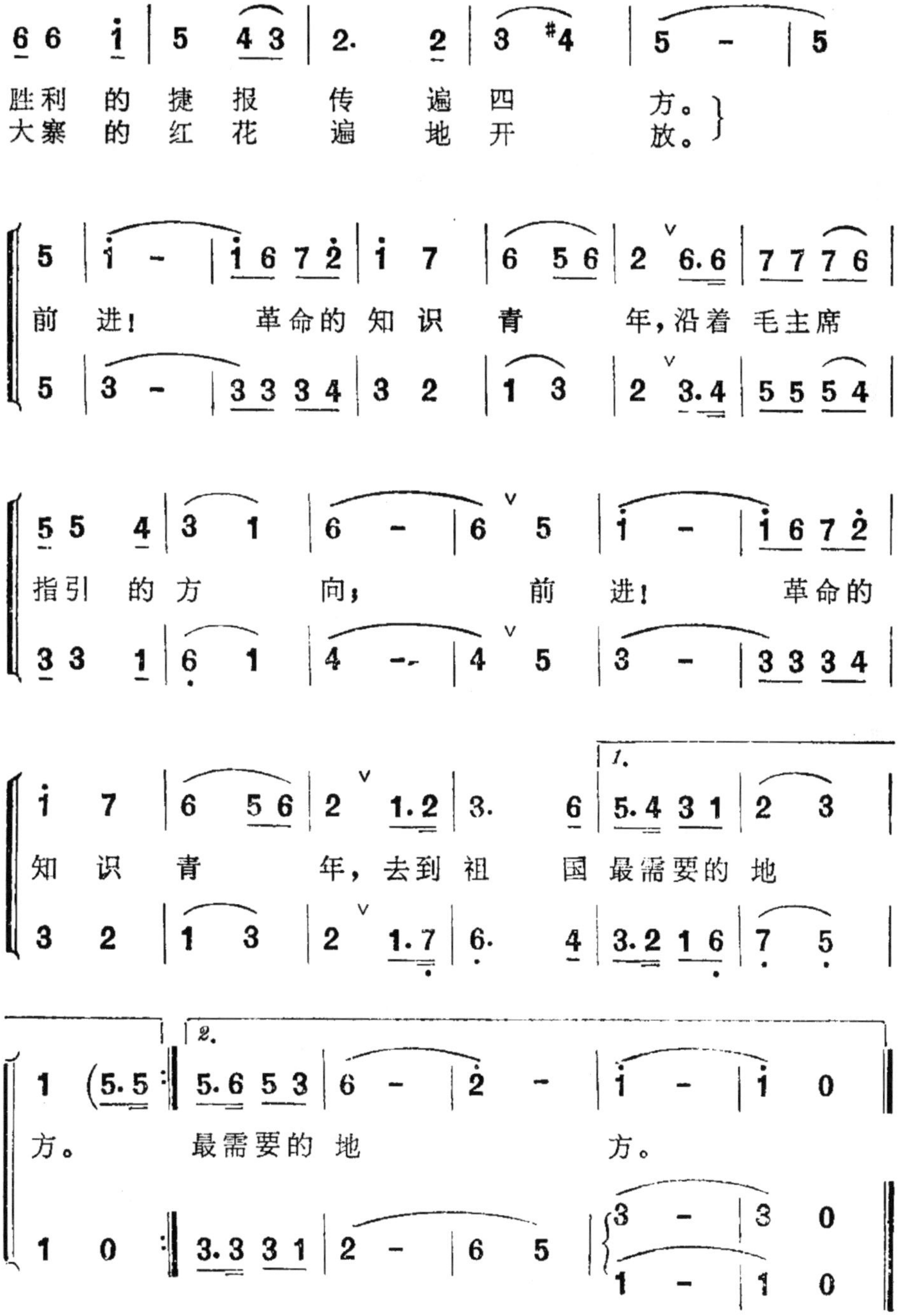
胜利的捷报传遍四方。
大寨的红花遍地开放。
前进！革命的知识青年，沿着毛主席指引的方向；
前进！革命的知识青年，去到祖国最需要的地方。
最需要的地方。

军垦战士爱边疆

史福兴词
杨人翊曲

独唱

1=♭B 2/4

稍快

1. 我爱北大荒，我爱军垦农场。
2. 我爱黑龙江，我爱祖国边疆。

到处是火红的战旗，丰收的金浪；
这里有火热的斗争，壮丽的景象；

到处有战士的欢笑，机器的歌唱。
这里是革命的熔炉，劳动的战场。

我豪情激荡，
一手拿锄，

我豪情激荡，一手

红心 向 党，　　　肩 负 伟大 领袖
拿　　枪，　　　战 斗在 伟 大

毛 主 席　　殷切 的 期 望。　咪咪咪
社会 主 义　广阔 的 田 野 上。　咪咪咪

咪　　　咪咪 咪　咪咪咪咪 咪
咪　　　咪咪 咪　咪咪咪咪 咪

誓把 青 春和力 量　献给祖国 边
誓把 祖 国的边 疆

疆，　　　　献给 祖 国 边

疆。　　　建 成　　铁 壁

铜　　墙。

担 水 歌

1=D 2/4

王志远词曲

```
(6  6  5 | #4 5  6 | i  #4 5 | 6.  5 | #4 5  4 5 |

6 5  #4 | 5.  6 | 5 6  5 3 | 2 3  2 3 | 2  5 |

1  2 5 | i  0) | i 6  - | 6  - | 6  - | 6  -
```

1. 哎
2. 哎
3. 哎

```
5 6  5 6 | 5  i | i 6.  5 | #4 5  - | 5  -
```

插队 落户 头 一 年 哟，
农村 生活 第 二 年 哟，
如今 插队 整 三 年 哟，

```
2 3  2 3 | 2  5 | 1.3  6 5 | 5  - | 5  -
```

队长 教我 把 水 担唻 哎咳 哟。
我跟 队长 把 水 担唻 哎咳 哟。
扁担 是我 好 伙 伴唻 哎咳 哟。

```
1 7  1 7 | 1 2  1 | 5 7  1 7 | 1 2  1 | 2 3  2 3
```

一根 扁担 三尺 三， 放在 肩上 象座 山， 走起 路来
桑木 扁担 悠悠 颤， 身轻 脚快 一溜 烟， 广阔 天地
右肩 挑走 穷和 白， 左肩 担来 丰收 年， 炼出 一付

196

2 3 2·3 | 5·3 2 7 | 1 2 1` | 1·5 6 | 6 — |

左右 摆，我　腰杆 发软　腿发 瘦。　哎咳 咳

炼红 心，　三大 革命　长才 干。　哎咳 咳

铁肩 膀，我　敢为 革命　挑重 担。　哎咳 咳

2·4 5 | 5 — | 6 6 5 | #4 5 6 | i #4 5 |

哎咳 咳　　　　　队长 他　耐心 着　带 徒

哎咳 咳　　　　　队长 他　笑着 鼓 励

哎咳 咳　　　　　队长 他　伸出 大 拇

6· 5 | #4·5 4 5 | 6 5 #4 | 5 — | 5 0 |

弟，　我　下定 决心　排万 难，　　嗨

我，　我　继续 革命　永向 前，　　嗨

指，　　夸我 是个　好社 员，　　嗨

2 3 2 3 | 2 0 5 0 | 1 — | 1 — : | 7 i 7 i |

下定 决心 排　万 难。

继续 革命 永　向 前。

夸我 是个 好　社 员，　　　　　夸我 是个

2 i 7 | i — | i — | i — | i 0 |

好 社　员。

锻　工　歌

集体改词

王殿槐曲

1 = F 2/4

坚定有力

1 0 5 0 | 6 1 5 | 3·2 1 6 | 5 — | 3 0 5 0 |

1. 炉 火　烧得 旺，　锤声 震天 响，　　胸 前

2. 炉 前　风雷 吼，　身边 滚热 浪，　　打 铁

```
6  i  5 │ 3.2  11 │ 2  -  │ 3.    2 │ 1    6
火 花 飞，  汗水 映红 光；    锻  工   心 向
要 趁 热，  锤上 锻硬 钢；    锻  工   心 向
```

```
5  35 │ 6  -  │ i.6  56 │ 3  21 │ 5  -
毛 主 席，    千锤 百炼  志  如  钢。
毛 主 席，    革命 豪情  高  万  丈。
```

```
5  056 │ i  i  6 │ i  035 │ 6  6  5 │ 6  0
  咱们 锻铁  柱，  咱们 锻钢     梁，
  咱们 团结  紧，  咱们 力量     强，

0  023 │ 5  5  3 │ 5  012 │ 3  3  2 │ 3  0
```

```
1  2 │ 3  5 │ i.  2 │ 653 │ 2.365 │ 3  25
铁 柱 钢 梁 擎 天 起，   伟大祖国 山 河
铁 柱 钢 梁 筑 长 城，

1  5 │ 1  3 │ 6.  5 │ 321 │ 5.132 │ 1  5
```

```
1  -  │ 1  0  ‖ 2.365 │ i 0 5 0 │ i  -  │ 1  0
壮。        铁打江山  万  年    长。

1  -  │ 1  0  ‖ 5.512 │ 3 0 2 0 │ 1  -  │ 1  0
```

钢铁工人红心向党

1=♭B　4/4

宋　涛词曲

豪迈刚强　进行速度

(136) ‖: 5 - - 436 | 5 - - 6.7 | 1 3 2 3#4 |

5 5555 5) 35 | 1. 2 1 32 | 1. 2 5 35 |

铁水滚　滚流，汗水满　身淌，我们
战旗哗　哗飘，歌声震　天响，我们

1 7 6 5 | 3. 16.713 2 - - 35 | 1 7 6 55 |

钢铁工人红心向　党，　学习大庆工人的
钢铁工人红心向　党，　沿着毛主席的

3. 1 2 6 | 5. 5 3. 122 | 1 - - - |

革　命精神，日　夜奋战在炉旁。
革　命路线，永　向胜利的前方。

mp

3 3 6. 1 | 7.6 56 3. 0 | 6 6 2. 3 |

炉火熊　熊，烈焰万丈，　手握钢钎，
一不怕　苦，二不怕死，　立足炉前，

2.1 76 2. 0 | 5 3 2 1760 | 6 2 1 7650 |

胸怀朝阳，　炉温千度高，锤炼优质钢，
放眼世界，　自力更生，奋发图强。

199

$\frac{2}{4}$ mf

$\overset{>}{\underline{3.3}}\ \underline{35}\ |\ \overset{>}{1}\ 7\ \overset{>}{\underline{6}}\ 5\ |\ \overset{>}{\underline{6.6}}\ \overset{>}{\underline{6}}\ 1\ |\ \overset{>}{\underline{3}}\ \underline{1}\ \overset{>}{\underline{2}}\ \underline{3}\ |\ 5\ -\ |$ f

战 高 温，　夺 高 产，　豪 情 涌，　斗 志 昂。哎 嗨！

多 出 铁，　多 出 钢，　出 好 铁，　出 好 钢。哎 嗨！

$0\ \overset{>}{1}\ 7\ |\ \underline{6}\ 0\ \underline{1}\ 0\ |\ \overline{\underline{2}}\ \underline{5}\ |\ 3.\ \ 3\ |\ \underline{5}\ \underline{5}\ \underline{5}\ \underline{6}\ |$

炼 出 钢 铁 千 万　吨，　为　社 会 主 义

祖 国 山 河 一 片　红，　人　民

1.

$\overset{\frown}{\underline{1.2}}\ \underline{3}\ |\ 5\ \underline{2.3}\ |\ \underline{1}\ (\underline{1}\underline{3}\underline{6})\ :\|\ $ 2. $\ 5\ \underline{2.3}\ |\ 1\ -\ |\ 1\ -\ |$

建 设 添 力　量！

江 山　　　　万 年 长。

矿山之仗我们打

1 = ♭B $\frac{2}{4}$　　　　　男声小合唱　　　　　　牛余昆词
　　　　　　　　　　　　　　　　　　　　　　　　秦克新曲

豪迈

$(\underline{2}\ \underline{2}\underline{5}\ \underline{2}\ \underline{1}\ |\ \underline{6}\ \underline{2}\underline{1}\ \underline{6}\ \underline{5}\ |\ \underline{6}\ \underline{6}\underline{1}\ \underline{6}\ \underline{2}\ |\ 5\ \ 5\ )\ |\ \overline{\underline{2}}\ \underline{5}\ |$

　　　　　　　　　　　　　　　　　　　　　　1. 红　色
　　　　　　　　　　　　　　　　　　　　　　2. 红　色

$\underline{2}\ \overset{\frown}{1}\ \underline{2}\ |\ \underline{5}\ \underline{5}\ \underline{2}\ 0\ \underline{1}\ |\ \dot{2}\ -\ |\ \overline{\underline{2}}\ \underline{5}\ |\ \dot{2}\ \dot{2}\ \dot{1}\ |\ \underline{6}\ \underline{6}\ 0\ \underline{2}\ |$

矿 工　听 党 的 话，　开 发 矿 业 志 气

矿 工　听 党 的 话，　团 结 一 心 力 量

$5\ -\ |\ \underline{5.5}\ \overset{\frown}{\underline{6}}\ \underline{5}\ |\ 4.\ \ \underline{5}\ |\ 6\ \overset{\frown}{\dot{2}}\ \dot{1}\ |\ 6.\ \ \dot{1}\ |\ \underline{2.5}\ \underline{2}\ \underline{1}\ |$

大，　端 起 风 钻　进 坑 道，　矿 山 之 仗

大，　千 层 岩 下　摆 战 场，　矿 山 之 仗

我 们 打， 嗨 矿山之仗 我 们 打。
我 们 打， 嗨 矿山之仗 我 们 打。
日夜 奋战 打冲 锋， 青春似火 放光
风钻 突突 炮声 响， 汗水浇开 大庆
华。咳咳 咳 咳 咳咳 咳
花。咳咳 咳 咳 咳咳 咳
风 钻 跟 咱的 脾气 一 个 样 啊， 专 拣
采 出 的 矿 石 堆 成 山 哪， 咱 们
硬的 扎， 专 拣 硬 的 扎，哎咳哎咳 咳咳咳咳咳
笑哈 哈， 咱 们 笑 哈 哈，哈哈哈哈 哈哈哈哈哈

咳咳 咳 咳咳咳 专拣 硬 的 扎。

哈哈 哈 哈哈哈 咱们 笑 哈 哈，

慢　　　　　　　　　　　　原速

结束句

咱们 笑 哈 哈，　（笑声）哈……笑 哈 哈！

清格朗朗流水幸福渠里来

女声独唱

路　遥词
朱加农曲

$1=♭B$ $\frac{2}{4}$

热烈、欢快地　稍快

ff

mf

1. 清　　　格 朗 朗（的）流 水 （哎 呀）
2. 清　　　格 朗 朗（的）流 水 （哎 呀）

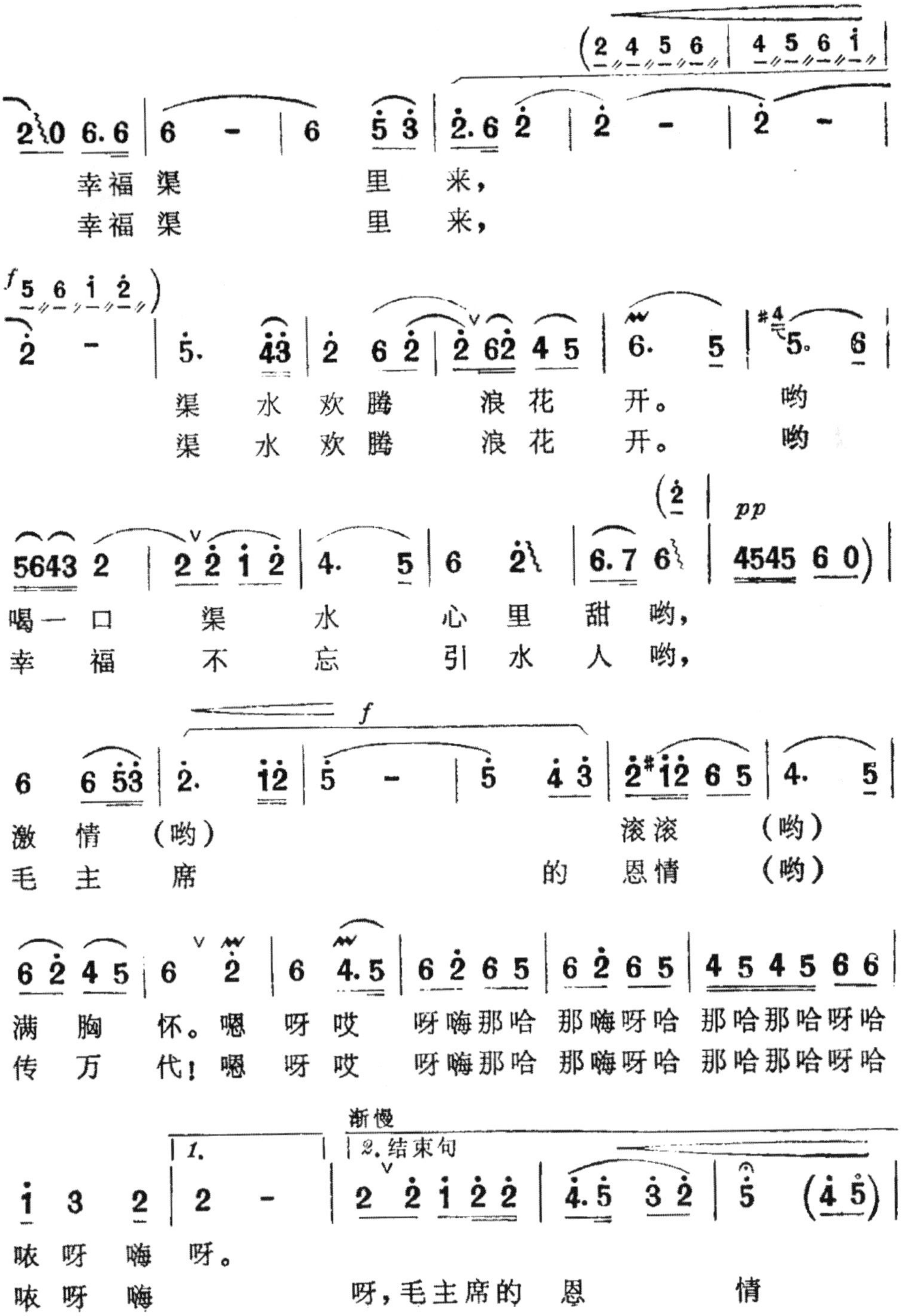
幸福渠 里 来，
幸福渠 里 来，
渠 水 欢 腾 浪 花 开。 哟
渠 水 欢 腾 浪 花 开。 哟
喝一口 渠 水 心 里 甜 哟，
幸 福 不 忘 引 水 人 哟，
激 情 （哟） 滚滚 （哟）
毛 主 席 的 恩情 （哟）
满 胸 怀。嗯 呀 哎 呀嗨那哈 那嗨呀哈 那哈那哈呀哈
传 万 代！嗯 呀 哎 呀嗨那哈 那嗨呀哈 那哈那哈呀哈
渐慢
1.
2.结束句
咳 呀 嗨 呀。
咳 呀 嗨 呀，毛主席的 恩 情

ff

$\widehat{6\cdot}$ $\underline{53}$ | $\dot{2}$ $\underline{06}$ $\dot{1}$ $\underline{53}$ | ($\underline{2\ 5\ 6\ \dot{1}}$ | $\underline{2\ 5\ 6\ \dot{1}}$ | $\underline{\dot{2}\ \ 6}$ | $\dot{2}$ 0)

$\dot{2}$ $-$ | $\dot{2}$ $-$ | $\dot{2}$ $-$ | $\dot{2}$ 0 ‖

传　　万　　代！

($\underline{5643}$ $\underline{\overset{>}{2}}$ $\underline{\overset{>}{2}}$ | $\underline{2321}$ $\underline{6}$ $\underline{6}$ | $\underline{6765}$ $\underline{\overset{>}{4}}$ $\underline{\overset{>}{4}}$ | $\underline{5643}$ $\underline{\overset{>}{2}}$ $\underline{\overset{>}{2}}$ | $\underline{0\ 56}$ $\underline{45}$ $\underline{6}$ $\dot{1}$ | 3

渐慢

叙述、深情地

$\underline{2\ 5}$ $\underline{4\ 5}$ | $\underline{6\cdot5}$ $\underline{6\ \dot{1}}$) ‖: $\underline{\overset{3}{2}\ 2}$ $\underline{6\ \dot{2}}$ | $\dot{1}\cdot$ $\underline{7}$ | $\underline{6\ 56}$ $\underline{\dot{1}\ 76}$ | $\dot{2}$ $-$ |

当年大生　产，　　红旗　迎风　摆，
幸福渠水　来，　　红花　遍地　开，

$\underline{\dot{2}\ \dot{2}}$ $\underline{5\cdot3}$ | $\underline{\dot{2}\ \dot{3}\dot{2}}$ $\underline{\dot{1}\cdot7}$ | $\underline{6\ 6}$ $\underline{\dot{1}}$ $\underline{65}$ | $4\cdot$ $\underline{5\cdot}$ $\underline{2}$ | $\underline{6\ 6}$ $\underline{5\ 46}$ | $\underline{5643}$ 2 |

毛主席　挥镢头　和我们把渠开。　　镢头　劈开千重山，
延安精神　谱新篇，　处处　有大寨。　　幸福　渠水流不断，

$\underline{\dot{2}\ \dot{2}}$ $\underline{\dot{1}\ \dot{2}\dot{3}}$ | $\underline{\dot{2}\dot{1}}$ $\underline{6\ \dot{1}}$ | $\underline{0\ \dot{2}\dot{1}}$ $\dot{2}$ | $4\cdot$ $\underline{5}$ | $\underline{3\cdot\dot{2}}$ $\underline{\dot{1}\dot{2}6}$ | $\underline{6\ \dot{2}}$ $\underline{6\ 265}$ |

幸福　渠水滚滚来，　幸福　渠　　水　哟滚滚
($\dot{2}\ \dot{2}$ $\dot{2}\ \dot{1}$)
毛主席的光辉照心怀，　毛主　席　的光　　辉照心

稍慢

|1.
　　　　　($\underline{0\ 56}$ $\underline{45}$ | $\underline{6\ 56}$ $\underline{\dot{1}\ \dot{3}}$)

$\underline{4\ 06}$ $\underline{5\overset{5}{\underline{3}}}$ | $\dot{2}$ $-$ | $\dot{2}$ 0 :‖

来，　滚滚来。

|2. **快一倍**
　　　　　($\underline{0\ 56}$ $\dot{1}$ $\underline{61}$ | $\underline{\dot{2}\dot{1}\dot{2}}$ $\underline{4\ 24}$)

$\underline{4\ 06}$ $\underline{5\overset{5}{\underline{3}}}$ | $\dot{2}$ $-$ | $\dot{2}$ 0 ‖

怀，　照心怀。

D.C.

204

电灯光亮堂堂

宝兴县文艺宣传队作词编曲
雅安地区文艺学习班修改

1=G 2/4

中速

```
(5 5 1 | 3  5 | 3.5 3 5 | 2 1 1 | 6 6 1 | 2  6 |
```

```
3.5 3 5 | 2 1 1 0) ‖: 5 5 1 | 3   5 | 3.5 2 1 | 6   1 |
```

1. 青衣江　边　　明珠闪　亮，
2. 夹金山　下　　群星灿　烂，

```
‖: 3 5 5 3 | 2 32 1 | 3 5 5 32 | 1  1 | (3 5 5 32 | 1  1) :‖
```

万　盏　电　灯　放　光　芒　哎。
幸福光　洒　满　高原山　乡　哎。

```
1 3 2 1 | 6   1 | 1 3 2 16 | 1  1 | 0  0 | 0  0 ‖
```

转 1=D（前 5=后 1）

```
(1   4 | 6   i ‖: i i 6 i | 6 56 5 | 5 i 65 | 3 2 1 0) :‖
```

```
3  5 5 32 | 1 1 1 | 3 6 5 32 | 1 1 1 |
```

电灯光，　亮堂堂，　照亮座座　锅庄房，
电灯光，　亮堂堂，　照在社员　心坎上，

$$\begin{array}{c|c|c|c|c}
\dot{1}\ \dot{1}\ 6\ \dot{1} & 6\ \ 5\ 5 & \dot{1}\ \dot{1}\ \dot{1}\ 65 & 3\ 2\ 1 & \dot{1}\ -\ |\ \dot{1}\ -
\end{array}$$

社员灯下　学《毛选》，越学心里　越亮堂，　哎！

翻身奴隶　心 欢畅，　学习大寨　建山乡，

$$\begin{array}{c|c|c|c|c}
6\ 6\ 6\ 5 & 3\ \ 2\ 3 & 6\ 6\ 6\ 5 & 3\ 2\ 1 & 6\ -\ |\ 6\ -
\end{array}$$

$$\begin{array}{c|c|c|c}
3\ 6\ 5\ 32 & 1\ 1\ 1 & 3\ - & 3\ - \parallel 3\ 6\ 5\ 3 & 5\ 3\ 5\ 6
\end{array}$$

越学心里　越亮堂。哎！　　　　学习大寨 建　山

$$\begin{array}{c|c|c|c}
1\ 3\ 2\ 16 & 1\ 1\ 1 & 1\ - & 1\ - \parallel 1\ 3\ 2\ 1 & 3\ 1\ 3\ 6
\end{array}$$

$$\begin{array}{c|c|c}
(1\ 1\ 4\ 4 & 6\ 65\ 4 & \\
\end{array}$$

$$\begin{array}{c|c|c|c}
\dot{1}\ 3\ 5\ 6 & \dot{1}\ -\ |\ \dot{1}\ - & 6\ 6\dot{1}\ 54 & 2\ 4)
\end{array}$$

乡。啊！

$$\begin{array}{c|c|c}
5\ 1\ 3\ 5 & 6\ -\ |\ 6\ - & 0\ \ 0\ |\ 0\ \ 0
\end{array}$$

转 1＝G（前 1＝后 5）

$$\begin{array}{c|c|c|c}
5\ 5\ 1 & 3\ \ \ 5 & 3.5\ 2\ 1 & 6\ \ \ 1
\end{array}$$

青　衣　江　　边　　　明珠闪　　亮，

夹　金　山　　下　　　群星灿　　烂，

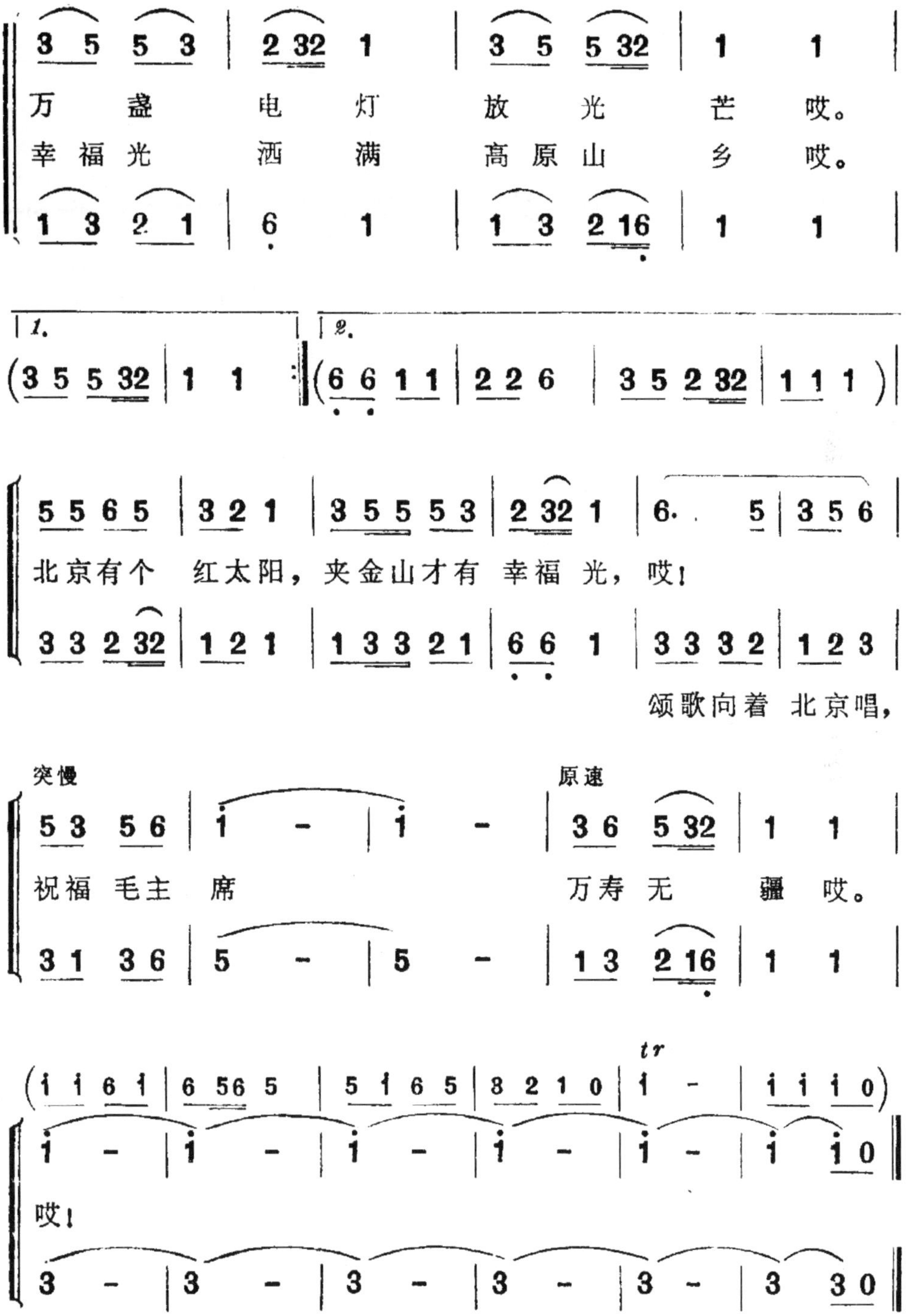

万 盏 电 灯 放 光 芒 哎。
幸 福 光 洒 满 高 原 山 乡 哎。
北京有个 红太阳，夹金山才有 幸福 光，哎！
颂歌向着 北京唱，
突慢
原速
祝福 毛主 席 万寿 无 疆 哎。
哎！

一定要根治海河

倪维德词

王莘曲

1=C 2/4

豪迈地　中速

```
5 | i. 6 | 5.3 25 | 1 5 | 3. i | 2.i 76
```

1. 一　定　要　根治海　河，一　定　要　根治海
　　定　要　根治海　河，一　定　要　根治海

```
5 - | 5 67 | i. 7 | 2 i | 7 6 | 66 533
```

河，　　毛主　席　的　伟　大　号召　就是我们的
河，　　毛主　席　的　伟　大　号召　就是我们的

```
5 6i | 2 - | 2 - | 5 3 | 3 - | 2 i7
```

战　　歌。　　　从　太　行，　　到　渤
战　　歌。　　　筑　大　坝　　锁　蛟

```
6 - | 7. 7 | 2 i | 7 63 | 5 -
```

海，　　千　里　战旗　红　似　火，
龙，　　造　福　人民　开　新　河，

```
1.1 12 | 3 5 | 6.6 6i | 5 3 | 6.6 6i
```

百万　当代　愚　公　重新安排　山　河，　百万　当代
百万　工农　群　众　团结建设　祖　国，　百万　工农

```
2 2 | 0 5 6i | 2 5 | 3 - | 3 5
```

愚　公　　重新　安　　排
群　众　　团结　建　　设

```
2. 3 | 6.i 53 | 1. | i - | i 5 :|| i - | i
```

山　　　　河。　　　2.一
祖　　　　国。

海河工地对新歌

男女声表演唱

冯峰、国生、刘浩词
宋　国　生曲

1=♭B　2/4

欢快、热烈地

（乐谱）

（齐）人　似　海，　　　　　旗　如　火，　战斗的　歌声　震　山　河。

（男）你看那　万　把钢锹　齐飞舞，　（女）哎嗨

你看那　千　条车队（它）如穿梭。　（齐）哎嗨

你看那　金堤伴着那歌声起，　银河

随着那歌声落呀嘿。

(女)奋发图强

争上游啊，自力更生治海河，(男)团结战斗干劲足哇，

我追你来你赶我。(齐)当代愚公谱新曲，

这边唱来

(女)那边(它)和(齐)嗨哎嗨嗨哟。

渐慢

(男领)说海(吧)河来

唱 海 河，　解放 前的(那) 海河(吧)它 象个什

么？　解放 前的(那) 海河 流域 什 么 少 吶嗨，

海 河 流域 什 么 多？(齐)(它) 什 么

多？(女领)洪 水 泛滥(呐) 淹千 里 吧，

(男)淹千 里 吧，(女领)解放 前的 海 河它 如恶

魔，(男)(它) 如恶 魔吧。　解放 前这 海河 流域

收 成 少 吶嗨，狗地主 催租 逼债 穷人的 苦难

多，(齐)嗨 穷人的 苦难 多。

转快

$\dot{2}$ $\underline{1\dot{2}}$ $\underline{2\dot{3}}$ $\underline{\dot{3}2}$ | $\overline{\dot{1}}$ $\overline{\dot{1}}$) | $\underline{0\dot{3}}$ $\underline{\dot{5}}$ $\dot{2}$ $\dot{1}$ | 6 $\widehat{\underline{1\dot{2}}}$ |

（齐）万　　众　高　歌　东　方

$\underline{\dot{3}2\dot{3}}$ | $\dot{3}$ - | $\underline{0\dot{2}}$ $\underline{2\dot{3}}$ | $\underline{\dot{2}.3}$ $\underline{\dot{2}1}$ | $\underline{0}$ $\overset{6}{\underline{1}}$ 3 | $\widehat{\underline{5}6}$ 5 |

红　哎，　　　　毛主席　光辉题词　照海　河，

$\underline{06}$ 7 | 6 5 | $\widehat{\underline{6}1}$ $\underline{35}$ | $\widehat{\underline{65}6}$ | $\underline{0}\dot{1}$ 6 | 5 - |

百　万　愚　公　降　水　患，　　处　处　高

$\underline{3.}$ 5 | $\overset{\dot{1}}{\widetilde{2}}$ $\underline{\dot{3}2}$ | $\dot{1}$ - | $\dot{1}$ - | ($\underline{5}$ $\underline{55}$ $\underline{56}$ |

唱　　胜　利　歌。

$\underline{3}$ $\underline{33}$ $\underline{35}$ | $\widehat{\underline{1\dot{2}}}$ $\underline{\dot{3}2}$ | $\dot{1}\dot{1}$ $\dot{1}6$ | $\underline{5.6}$ $\underline{1\dot{2}}$ | $6\dot{1}$ 65 |

慢一倍

$\underline{1}$ $\underline{33}$ $\underline{2}$ | $\dot{1}$ 0) | $\underline{6}$ $\underline{1\dot{2}}$ $\underline{3}$ 3 $\dot{2}$ | $\widehat{\underline{1\dot{2}}}$ $\underline{32}$ $\dot{1}$ | 6 $\underline{6}$ $\dot{1}$ $\underline{6}$ $\underline{6}$ 5 |

（女领）叫同　志（那个）你来　说，如今的海河（它）
（男领）如今的海　河（它）听了　话，咱们都叫它（来）

$\widehat{\underline{1}}$ $\underline{33}$ $\underline{2}$ $\dot{1}$ | $\dot{2}$ $\dot{2}$ $\dot{2}$ 3 3 $\dot{2}$ | $\widehat{\underline{1\dot{2}}}$ $\underline{31}$ $\dot{2}$ $\dot{2}$ | $\underline{1.2}$ $\underline{35}$ | 7 $\widehat{\underline{6}\dot{1}}$ 5 |

象什　么？（男）如今的海河（它）美如　画呀，两岸　一派　好景色。
干什　么？（女）防洪　排涝　又灌溉呀，还能　改造　盐碱窝。

$\underline{66}$ $\underline{765}$ | $\underline{66}$ $\widehat{\underline{1}}$ $\underline{332}$ | $\dot{1}$ $\dot{1}$ $\dot{1}$ $\underline{2}$ $\widehat{\underline{35}}$ 3 $\dot{2}$ | $\widehat{\underline{1\dot{2}}}$ $\underline{31}$ $\dot{2}$ |

（女领）什么在山间　明如镜，那个　什么东西拦　腰把　蛟龙锁？
（男）为什么村村　电灯亮，呀哈　为什么　河水（它）上了坡？

$\overline{5.}$ $\overline{3}$ $\overline{3.}$ $\overline{2}$ | $\overline{1231}$ 2 | $\overline{3.}$ $\overline{5}$ $\overline{2}$ $\overline{1}$ | $6\widehat{1}5$ $6\widehat{5}3$ |

(齐)嘿 哟 哟 把 蛟龙 锁？(男)座 座 水 库 明似 镜哎，

(齐)嘿 哟 哟 它 上了 坡？(女)水 力 发 电 照万 家吧，

$\overline{6.}$ $\overline{5}$ $\overline{3}$ $\overline{3}$ $\overline{2}$ | $\overline{1232}$ $\overline{1}$ | $\overline{5.}$ $\overline{3}$ $\overline{3}$ $\overline{2}$ | $\overline{1232}$ $\overline{1}$ |

道 道 闸门 把 蛟龙 锁。(齐)嘿 哟 哟就 把 蛟龙 锁。

马 达 抽水(它)上了 坡。(齐)嘿 哟 哟它 就

$(6556$ 3532 | 1232 $1)$ ‖ $\overline{1232}$ $\overline{1}$ 0 | $\overline{3.}$ $\overline{5}$ $\overline{2}$ $\overline{1}$ | 6 $\overline{12}$ $\overline{32}$ 3 |

2. 由慢而快

上了 坡。(女)水渠弯弯 绕山 转，

$\overline{2.}$ $\overline{3}$ $\overline{2}$ $\overline{1}$ | $6\widehat{1}$ 3 5 | $\overline{3.}$ $\overline{5}$ $\overline{2}$ $\overline{1}$ | 6 $\overline{12}$ 3 3 | $\overline{2.}$ $\overline{3}$ $\overline{2}$ $\overline{1}$ |

(男)麦浪滚滚 翻 金波，(女)杨柳轻轻 随风 摆呀，(男)桃李芬芳

$6\widehat{1}$ 3 5 | $\overline{6.}$ $\overline{7}$ $\overline{6}$ $\overline{5}$ | $\overline{3}$ $\overline{5}$ $\overline{6}$ $\overline{5}$ | $\overline{6.}$ $\overline{7}$ $\overline{6}$ $\overline{5}$ | $\overline{1}$ $\overline{5}$ 6 |

结 硕果，(女)遍地盛开 大寨 花哟，(男)处处 高唱 丰收 歌。

$\overline{5.}$ $\overline{3}$ $\overline{3}$ $\overline{2}$ | $\overline{1232}$ $\overline{2}$ $\overline{2}$ | $\overline{5.}$ $\overline{3}$ $\overline{3}$ $\overline{2}$ | $\overline{1231}$ 2 | $\overline{5.}$ $\overline{3}$ $\overline{3}$ $\overline{2}$ |

(齐)嘿哟哟嗬 嘿哟 哟咻，(女)遍地盛开 大寨 花，(齐)嘿哟哟嗬

$\overline{1232}$ $\overline{1}$ $\overline{1}$ | $\overline{6.}$ $\overline{5}$ $\overline{3}$ $\overline{2}$ | $\overline{1232}$ $\overline{1}$ | $(5653$ 2321 | 6165 3561 |

嘿哟 哟嗬，处处 高唱 丰收 歌。

5 $\overset{>}{5}$ 6 | 3532 $\overline{1}$ 76 | 5 $\overline{1}$ 6 $\overline{1.}$ | 3532 1232 | $1)$ 5 3 |

千 支

$6\widehat{3}$ $\overline{5}$ | 5 $-$ | 5 $-$ | 0 $\overline{5}$ 6 | $\overline{3.}$ $\overline{2}$ $\overline{1}(76$

歌 来 万 支 歌，

213

5 5 6 | 3532 1) | 0 1 1 1 | 6 3.3 | 5 7 |
　　　　　　　　　　唱 不完 美 好的 新 生

6 76 55 | 6765 3 | 0 1 1 3 1 | 6765 6 　 5 6 |
活。(男)这 工地上　　歌 儿 越 唱 劲越 大,(女)那个

1 6 1 | 0 1 1 | 6 5.5 | 3 1 2 | 1 2 | 3 2 3.5 |
战 士 们　　紧 舞 钢 锹(他) 猛推 车。(男)他们 紧舞 锹,

6 1 2 | 2 3 | 5.3 55 | 6 1 2 | 5 3 6 5 |
(齐) 猛推 车,(男)那个 跑得 快来 (齐)装 得 多。　嘿哟 嘿哟

1 5 6 5 | 1 6 2 1 | 5 2 3 | 5 2 3 3 | 5 2 3 3 |
加油干哪, 哎嘿哟嗬 嘿哟嗬。 (男领)继续 革命 (齐)向前 进哪,

5 2 2 3 3 | 5 2 3 0 | 3 — | 3 — | 5 3 5 3 |
(男领)战斗的歌声(齐)永不落, 　嘿　　　嘿　　嘿哟 嘿哟

　　　　　　　　　　　　　　　　　　　　　　　　　　慢
5 3 5 3 | 6 — | 6 — | 6 — | 6 — | 0 0 |
嘿哟 嘿哟 哎　　　　　　　　　　　　　　　　　嘿!

原速
3.5 2 3 | 5 — | 5 — | 5 ·· | 5 — | 5 0 ‖
永 不 落。

我爱红旗我爱党

少年歌曲

韩 伟词

金德生曲

1=C 2/4

亲切地

```
( 0 1  3 4 | 5 - | 5 1 3 5 | 6 - | 6 5 6 i |
3. 2 | i 0 6 0 | 5.6 3 2 | 1 ) 3 4 | 5  5 |
```
我爱 红 旗

```
1 6.5 | 5 - | 5 6 7 | i i | i. 6 |
```
我 爱 党， 我爱毛主 席 我

```
5 6 5 | 3 5 6 | 2 - | 2 - | 3 3 3 2 |
```
心 中 的 红太 阳。 毛泽东

```
1 2 | 6.6 5 6 | 3 - | 5 i 5 | 6 6 5 |
```
思 想 哺育我 们， 我们 象葵花

```
3.3 2 | 1 1 1 | 4 6 | i 7 6 | 7 - |
```
苗壮 成 长。 啦啦 啦 啦 啦 啦啦 啦

```
7 6 7 | i. 7 | 6 0 2 0 | 5 - | 5 - |
```
啦啦 啦 啦 啦 啦 啦

```
5.3 3 | i 0 | 3.3 6 | 6 i i | 6 5 |
```
热爱 祖 国， 热爱人 民， 好好 学 习，

```
0 0 | 5.3 3 | i 0 | 3.3 6 | 6 i i |
```
热爱 祖 国， 热爱人 民， 好好

215

3.3 2 | 5 - | 5 - | 5.3 3 | i 0 |
天天 向　　上。　　　　　　热爱祖　国，

6 5 | 3.3 2 | 5 - | 5 - | 5.3 3 |
学 习，　天天 向　　上。　　　　　　热爱祖

6.6 2 | 2 i 6 | 5 4 | 3.3 2 | 1 - | 1 3 4 |
热爱人　民，好好 学 习，　天天 向　　上。　　　我爱

i 0 | 6.6 2 | 2 i 6 | 5 4 | 3.3 2 | 1 0 |
国，　　热爱人　民，好好 学 习，　天天 向　　上。

5 5 | 1 6.5 | 5 - | 5 6 7 | i i |
红 旗 我 爱 党，　　　我 爱 毛 主

i. 6 | 5 6 5 | 3 5 6 | 2 - | 2 3 3 |
席　我 心 中 的 红 太　阳。　　　我爱

2 1 | 3 5 | 6 5 5 | 6 i | 2. i |
红 旗 我 爱 党，我 爱 毛 主 席 我

5 6 | i 2 | 3 | i - | i 0 |
心 中 的 红 太　阳。

育 新 苗

1＝D 2/4

儿童歌曲　　　　　　　　　　　　　任 悦词曲

稍快

```
1    3  | 1 1  5  | 1 2  3 1 | 5  -  | i    6  |
1.你   扛   小铁锹，   我扛小树苗，      路 旁
2.你   扛   小扁担，   我提小水筲，      培 土
```

```
5 5  3  | 1 2  3 5 | 2  -  | 1    3  | 1    5  |
去 种 树，  劳动热情高，     植 树   造 林
又 上 肥，  再把水来浇，     植 树   造 林
```

```
1  2  3 1 | 6  -  | i. i  i 6 | 5 5  3  |
绿 化 祖 国，   阳光雨露育新苗，
绿 化 祖 国，   阳光 雨露 育 新 苗，
```

```
1.                          2.
| 5 3  2 3 | 1  -  : | 5 5  6 7 | i  -  ||
育呀育新苗。      育呀育新苗。
```

我们是战友

1=♭B 2/4

阿尔巴尼亚歌曲　　　　　　　　科乔·乌奇词曲

```
0.5 i.2 | 3  i.3 | 2  6.2 | i  5 | 5  7 |
```
1. 中 阿 两 国 远 隔 千 山 万 水，　　　　我们
2. 我 们 是 欧 洲 的 社 会 主 义 堡 垒，　　　劳动

```
6  5 | 3  i | 2  -  | 2.6 2.3 | 4  2.4 |
```
心 心 相 连。　　　在 革 命 中 结成
党 是 带 路 人。　　中 阿 两 国 人民

```
3  #i.3 | 2  6 | 6  i | 7  2 | 6  7 |
```
战 斗 的 友 谊，　　迢迢 万 里 无 阻
并 肩 前 进，　　地 拉 那 紧连 北

```
5  -  | 5.5 i.2 | 3  i.3 | 2  6.2 | i  5 | 5  5 |
```
拦。　　紧握 手中 枪要 时 刻 准 备，　　在
京。　　帝修 胆 敢 前 来 侵 犯，　　坚决

```
i  2 | 3  5 | 4  -  | 4  | 06  4 | 4.3 |
```
狂 风 暴 雨中 前 进！　　百 倍 提
给 他 迎头 痛 击！　　用 革 命 烈

$\dot2.$ $\underline6$ $\dot3$ | $\underline{\overset{\frown}{\dot3.\dot2}}$ | $\dot1.$ $\underline5$ | 6 $\dot1$ | 7 $\dot2$ |

高 革命的 警 惕， 看 谁 胆敢 来 侵

火 把它 烧成 灰， 把 敌 人 消 灭

$\dot1$ — | $\dot1$ 0 ‖ 5 — | 3 $\underline{\overset{\frown}{\dot4.\dot5}}$ $\dot6$ 5 |

犯。

净。 我 们 是 亲密 战

4 — | $\dot4$ $\dot3$ | $\dot2$ $\dot1$ | 3 — | 3 — |

友 永 远 齐 向 前， 欢

$\dot1$ $\underline{\overset{\frown}{\dot2.\dot3}}$ | $\dot4$ $\dot3$ | $\dot2$ — | $\dot5.$ $\underline{\dot3}$ | $\dot4$ $\dot2$ |

呼 声 冲 云 霄， 毛 泽 东 恩

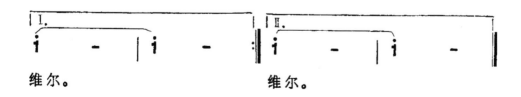

维尔。 维尔。

我 的 祖 国

罗马尼亚歌曲

索 里 库词

帕乌尔·康斯坦丁涅斯库曲

1=G 2/4

```
5  i♭7 | 6. 5 | #4 5 6 | 5  0 | 5  i♭7 | 6. 5 |
```

1. 妈 妈 让 我 为国从 军， 妈 妈 让 我
2. 我 是个 战 士 勇敢坚 强， 我 是个 战 士
3. 我 会使 镰 刀 也会拿 枪， 我 会使 镰 刀
4. 我 要 紧 握手 中 枪， 我 要 紧 握

```
#4 5 6 | 5  0 | 1. 3 | #4 5 6 5 | ♮4 3 4 5 | 6  5 |
```

为国从 军。 为 了 我的祖国 我 拿起 武器，
勇敢坚 强。 连 队 就象 家里 一 样，
也会拿 枪。 为 了 保卫祖国 保卫 家 乡，
手 中 枪。 坚 决 打 击 祖国的 敌人，

```
i1  0 | 1. 3 | #4 5 6 5 | ♮4 3 4 5 | 5  3 |
```

嘿！ 为 了 我的祖国 我 拿起 武器。
嘿！ 保 卫 我 们 美 好的 生 活。
嘿！ 谁 敢 侵犯 我们 就 叫它 灭 亡。
嘿！ 保 卫 我的祖国 可 爱的 家 乡。

```
0  0 | 1 1 2 3 | 4 4 3 | 4 3 4 3 | 5 4 3 |
```

特拉伊 拉 拉拉 拉 拉拉 拉拉 拉拉 拉

```
0  0 | 1 1 2 3 | 4 4 4 2 | 1 1 1 |
```

嘿！ 嘿！ 特拉伊 拉 拉 拉 拉 拉 拉拉 拉

谱写更多更好的革命接班人的战歌

——对歌曲《把革命的红旗接过来》的修改说明

易　铭

　　培养和造就千百万无产阶级革命事业的接班人，是我党的重大任务之一。为革命接班人谱写战歌，是歌曲创作中的重要课题。《把革命的红旗接过来》一歌，就是选取了这样一个题材。这首歌的曲调基调是好的，有火热的朝气、有饱满的热情、有豪迈的气概，唱过之后，受到感染，但同时也觉得这首歌还有某些不足之处，主要是歌曲的发展部分，豪情还抒发得不够充分，形象还刻划得不够鲜明、有力。这里提一点修改的意见供作者和读者参考。

　　我们可以把全曲大致分成三个段落（乐段）：第一段从开始到"战斗在伟大的时代"处（前8小节），中间由"阶级斗争永不忘"到"披荆斩棘朝前迈"为一段，（中间$\frac{2}{4}$拍子的18小节）第三段由"前进，向前进"到结束（后12小节）。第一乐段，歌曲从两句号召性的歌词开始："把革命的红旗接过来，把革命的重担挑起来！"这是历史赋予我们青年一代的光荣任务，也是千百万无产阶级革命事业接班人的豪言壮语。作者用八度跳进开始，以分解大三和弦为骨干音构成主题旋律，显得铿锵有力，使歌曲一开始就出现坚定、自豪、富于朝气的音乐形象，第二乐节又在上大二度加以模仿，使这个形象得到进一步发展。

第一乐句：

第一乐节　　　　　　　　　　　第二乐节

0 5 | 5 5.4 3 1 | 2 2 5 0 6 | 6 6.5 4 3 2 | 5 5 5

主题部分有两处作了小的修改，即将第二小节 2 7 5

改为 2 2 5 ， 2 5 的五度下行因为棱角鲜明，气概可能豪迈一些；另将第四小节 5 5 5 后面延长一拍，使勇挑重担的豪情得到抒发。

第二乐句，要求在情绪上继续发展。但原稿上从 1 用六度跳进到 6，音程缩短了，在高度上又和上一乐句的第二乐节相同，

使人感到不够满足，若改为由 1 (3 5) 到 1 (8度) 可能就好一些。

（为了把更强的力度留给曲终的高潮，这里的 1 音不延长）。

如果说歌曲的第一乐段表现了一代革命青年高举红旗、肩挑重担的革命气概，初步塑造了革命接班人的形象，第二乐段的任务就要发展这个形象，进一步揭示青年一代革命的思想境界。毛主席教导我们："**在社会主义这个历史阶段中，还存在着阶级、阶级矛盾和阶级斗争，存在着资本主义复辟的危险性。**"歌词在这一部分强调了阶级斗争和继续革命的指导思想；曲作者也力图从阶级斗争、路线斗争的高度，来刻划这一代青年的典型性

格。

原稿把第二乐段的开始放在关系小调，用调性的对比来发展乐思，这个手法用得很恰当。这样，能把歌词"阶级斗争永不忘"表现得内在、深沉。接着，作者又把这一乐节放在上四度加以模仿：

3.4 3.　1 7　2 | 6　-　6　667 6.　4 3　2 1 5　-　| 5

移位模仿虽是曲调发展的常用手法，但这里却使用得较为生硬。因为第一，曲调中包含着 7 － 4 增 4 度进行的因素，有艰涩之感，而这里的歌词内容却需要比较亲切的音调；词曲结合也不够理想，如 6 6 7 的节奏太局促。第二，结束音到 5，第二乐段开始处关系小调的调性不到八小节就转回了大调，对比显得不够鲜明；另外整个第二乐段的结束音又是 5，曲调显得缺乏有机的发展。

如果改成这样：

3.3 3.　1 7　2 | 6　-　6 1 6 1 6.　5 1　2 1 2 3　-　| 3
阶级斗　争永不　忘，　　毛主席教　导记心　怀；

第一乐节开始的音调用 3.3 | 3 这样的同音反复比 3.4 | 3 的小二度进行似更有力度些；第二乐节开始的节奏改为空前半拍，使之较为舒展；旋律线较有起伏，表现出青年们对毛主席的教导怀有无比亲切的感情。同时，把这两个乐节都放在关系小调上，就使得第二乐段开始的调性对比较为鲜明。

第二段开始部分，采用调性对比的手法，也可以理解为往高潮发展的一种"欲扬先抑"的布局。到了后一句"迎着狂风顶着巨浪"处，就要使力度有不断的增长，以便进一步往高潮发展。这里应该着重刻划革命青年自觉执行毛主席的革命路线，不怕风浪、继续革命的坚强意志，表现出当错误的倾向象巨浪般涌来时，能有硬着头皮顶住的大无畏气概。可是，原稿中"顶着巨浪"处的节奏显得急促，没有发挥，气势不够豪迈；而下面"披荆斩棘"处又拖沓了，显得松散，不够坚定有力。

如将 7.7 65 | 2 顶着巨 浪， 改为 7 5 | 6 3 | 顶 着 巨 浪，

7 | 6. 5 6 12 3 5 披 荆 斩 棘 改为 0 17 6 | 5 1 | 披 荆 斩 棘

7 - | 6 7 | 5 ~ 5 朝 前 迈！ 改为 2 5 | 6 7 | 5 ~ 5 朝 前 迈！

气势就不同了。

　　这里把"顶着巨浪"处的节奏拉开，目的在于使之成为富有力度的斩钉截铁的进行；把"披荆斩棘"处的节奏加以压缩，并使之与前一乐句相同部位的节奏相呼应；而"朝前迈"处通过由下往上力度陡然增长的旋律线，表现革命新一代继往开来的气派。在革命的征途上，尽管有困难曲折，革命青年满怀胜利的信心，奋勇"朝前迈"，"高举红旗向未来"！

第三乐段是高潮段。作者把主题思想放在千百万无产阶级革命事业接班人在斗争的风浪中、在三大革命运动的实践中成长起来，"让红旗一代传一代"，直到共产主义的胜利，使帝国主义的预言家关于在中国党的第三代或者第四代"和平演变"的预言彻底破产。作者在音乐上设计的高潮也较突出、鲜明。但为了使高潮的到来更有准备，层次更为清晰，建议将第三乐段开始处"前进，向前进"的节拍改成从弱拍开始，使这短小的音乐动机更具有向前推进的力量，并与全曲开始的节奏归于一律，曲调也作了相应的改动：

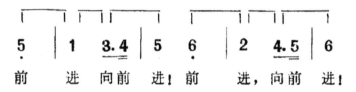

分解和弦式的连续上行，好比一浪高一浪，一直发展到全曲的高潮。高潮句气势豪迈，把全曲所抒发的无产阶级接班人的壮志豪情作了一个总结。

以上意见不一定恰当。

我们希望有更多更好的反映革命接班人的群众歌曲出现。老一辈的无产阶级革命家在革命战争的烽火中高唱着战歌把红旗插遍了长城内外、大江南北，我们这一代青年，要接过红旗来，迎着阶级斗争、路线斗争的风浪，合着无产阶级战歌的节拍，永远沿着毛主席的革命路线，高歌猛进！

附：原稿

把革命的红旗接过来

行　军词

纪西平曲

1=F 4/4

朝气蓬勃　坚定有力

0 5 ｜5 5.4 3 1｜2 7 5 0 6｜6 6.5 4 3 2｜

1.把　革　命的红　旗　接　过　来，把　革　命的重　担

5 5 5 1｜6 － 4.6 i i｜7 6 5.6 3｜

挑　起　来！我　们　革命青年朝　气　蓬　勃，

0 2 2 3 6 5.5｜4.3 2 3 1 －｜2/4 1 3.4｜3. 1｜

战　斗在伟　大　的　时　　代。　｛阶　级　斗　争

祖　国　向　我们

共　产　主　义

7 2 ｜6 － 6｜6 6 7 6.｜4 3 2 1｜

永　不　忘，　毛主席教　导　记　心

发出召　唤，　广阔天　地　把我们等

一定要实　现，　伟大的理　想　放　光

5 － ｜5 6.7 i｜i 7.7 6 5｜2 7.｜

怀；　迎着狂　风　顶着巨　那　浪，　披

待；　哪里需　要　奔向那　里，　立

彩；　胸怀祖　国　放眼世　界，　高

6. 5 ｜6 1 2｜3 5 7 －｜6 7｜

荆　斩　棘　朝　前

志　改　变　一　穷　二

举　红　旗　向　未

```
 ⌢
5  -  | 5  0 | 5  1 | 1.2 3 | 6  2 |
迈！           前  进， 向前 进， 前  进，
白。           前  进， 向前 进， 前  进，
来！           前  进， 向前 进， 前  进，
```

```
           ⌵                          ⌢        ⌢
4.5 6 5 | i  -  | i.  7 | 6  5 6 | 3  -  | 2 6  5 |
向前 进！在 革      命 的 洪  流  中     成  长
向前 进！在 三 大 革  命 运  动  里     锻  炼
向前 进！让 革      命 的 红  旗  一     代
```

```
 ┌1.2.              ┐ ┌3.            ┐
 |                  | |   ⌢          |
 3  2.3 | 1  -  | 1  0 5 | 5  6 7 | i  -  | i |
 起    来。      2.把 传 一    代！
 成    材。      3.把
```

修改稿

把革命的红旗接过来

行 军词
纪西平曲

1=F 4/4

朝气蓬勃 坚定有力

```
                ─  ─          ─        ⌢
0 5 | 5  5.4 3 1 | 2  2  5 0 6 | 6  6.5 4  3 2 |
1.把 革 命的红旗 接过 来， 把 革 命 的重 担
```

```
─  ─  ─              ⌢           ⌢
5  5  5  -  | 1.1 3 5 i 7 6 | 5  3  6.5 2 |
挑 起 来！    我们 革命青 年 朝 气 蓬 勃，
```

227

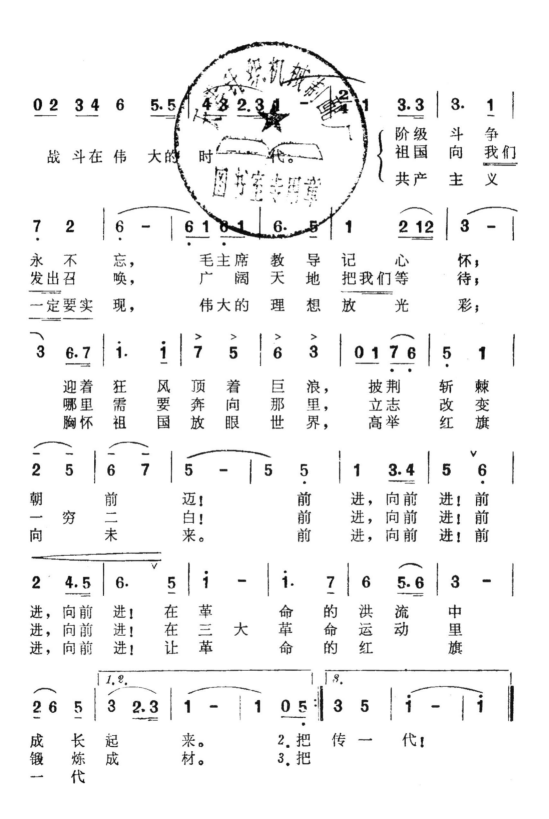

我们都是小闯将

——批林批孔儿歌专辑

人民文学出版社

我 们 都 是 小 闯 将

——批林批孔儿歌专辑

人 民 文 学 出 版 社

一九七四年·北京

内 容 说 明

为了配合波澜壮阔的批林批孔运动，我们从广大工农兵群众的来稿中，选编了这本儿歌集。共收四十余首。

这本儿歌集，反映了我国广大少年儿童坚决响应党中央、毛主席的伟大号召，积极投入批林批孔运动。他们以马克思主义、列宁主义、毛泽东思想为武器，以工农兵为榜样，狠批林彪的反革命罪行及其修正主义路线，狠批反动没落阶级的意识形态孔孟之道；体现了我们革命的新一代决心在阶级斗争、路线斗争的大风大浪中，努力把自己锻炼成为无产阶级革命事业的接班人。

我们都是小闯将

人民文学出版社出版
（北京朝内大街 166 号）

字数 84,000　开本 787×1092 毫米 $\frac{1}{32}$　印张 $2\frac{1}{2}$　插页 2

1974 年 6 月北京第 1 版　1974 年 6 月北京第 1 次印刷
书号 10019·2162　定价 0.19 元

中国青年出版社印刷厂印刷　　新华书店发行

目　录

伟大领袖发号召

伟大领袖发号召，
批林批孔掀高潮。
工农兵，斗志高，
大批判烈火通天烧。

红小兵，齐参战，
对准林彪、孔丘猛开炮。
颗颗红心向着党，
永远革命志气豪！

记书 辛颖

高举红旗齐战斗

工农兵，雄赳赳，
高举红旗齐战斗。

批林彪、批孔丘，
反击黑线战逆流。

戳穿孔丘"复礼"经，
粉碎林贼复辟梦。

基本路线牢牢记，
红色江山保千秋！

程宏明

我们都是小闯将

红小兵，斗志昂，
拿起笔，作刀枪。
批林批孔擂战鼓，
紧跟工农上战场。

红小兵，眼明亮，
识破林贼鬼心肠。
批林批孔战旗舞，
我们都是小闯将！

田　牧

万里江山起战歌

林彪、孔丘一路货，
豺狼野心一样恶；
一个"复礼"搞倒退，
一个复辟开倒车。
挥起铁笔作刀枪，
对准黑靶狠狠戳；
砸烂罪恶孔家店，
摧毁林家虎狼窝。
革命红旗高高举，
万里江山起战歌！

滕毓旭

争当批修小尖兵

批林批孔！
批林批孔！
号声阵阵，
炮声隆隆！

孔子垂死搞"复礼"，
林彪又作复辟梦；
两具僵尸一个魂，
两个毒瓜一根藤。

林彪、孔丘搞复辟，
倒转历史罪难容！
亿万军民上战场，
口诛笔伐闹革命！

红小兵，齐上阵，
争当批修小尖兵；
手拿铁笔作刀枪，
批得狠来打得猛！

别看我们年纪小，
步步紧跟工农兵；
马列主义指航向，
继续革命方向明！

晨　枫

永当革命促进派

孔丘孬，
林彪坏，
两个都是大祸害。

开倒车，
反变革，
都是头号反动派。

讲"天命"，
论"天才"，
贩卖黑货把人害！

战鼓响，
红旗摆，
红小兵挥笔登上台。

对林、孔，
把炮开，
戳穿骗子黑招牌。

跟着党，
大步迈，
永当革命促进派！

乔立兴　宋瑞府

不获全胜不收兵

毛主席，指航向，
两条路线分得清。
孔丘、林彪搞复辟，
革命人民不答应。

批臭林彪和孔丘，
剥掉画皮一层层。
扫除一切害人虫，
不获全胜不收兵。

巴　山

革命红战笔

手持革命的红战笔，
它是批修的好武器。
林彪、孔丘大坏蛋，
想开倒车搞复辟。
彻底揭，狠狠批，
大家都来剥画皮。
批林彪，批孔孟，
誓把革命进行到底！

张向阳

大字报象排炮

大字报，象排炮，
对准孔丘和林彪。
打得猛，打得好，
批林批孔掀高潮！

努力学习工农兵，
红小兵齐写大字报。
你一张，我一张，
排山倒海连珠炮！

孔老二，贼林彪，
复辟阴谋破产了。
红小兵，忠于党，
继续革命逞英豪！

郜彬如

历史是人民来创造

劳动人民跟党走，
战天斗地有劲头。
修梯田，修水库，
麦苗青青织锦绣；
建工厂，盖高楼，
钢花怒放铁水流；
火车载着喜报飞，
祖国山河披彩绸。
"上智下愚"是鬼话，
历史是人民来创造。

滕毓旭

人小决心大

孔丘要"复礼"，
林彪想变天，
祖师和信徒，
都是大坏蛋。

我们红小兵，
听从党召唤，
拿笔作刀枪，
开展大批判。

砸烂林家铺，
捣毁孔家店，
批林又批孔，
除草好肥田。

人小决心大，
斗争长才干，
跟着毛主席，
革命永向前！

陈春荣

校园革命形势好

阵阵春风过柳梢，
逗得柳树点头笑，
它俩好象在说话，
柳条乐得把臂摇。

它们说的啥？
我能听得着：
夸咱校园一片新，
今年春色分外娇。

看，红旗哗哗飘，
听，战鼓咚咚敲；
批林批孔掀高潮，
红小兵战斗在前哨。

不管风浪有多大，
不怕迷雾层层绕，
师生团结齐对敌，
革命斗志冲云霄。

校园革命形势好，
教育战线传捷报，
斗争当中炼成钢，
永走革命金光道！

晨　枫

批林批孔打冲锋

红小兵，心最红，
批林批孔打冲锋，
拿起笔杆当刀枪，
对准黑靶猛进攻。
打倒孔家店，
烧毁骗人经。
紧跟领袖毛主席，
不获全胜不收兵！

红小兵，心最红，
批林批孔打冲锋，
发言句句象炮弹，
对准黑靶使劲轰。
炸烂林家铺，
粉碎复辟梦。

阶级斗争永不忘,
革命路上向前冲!

丁奇璋

"五·七"道路金光闪

东风吹，红旗展，
红小兵学农到田间，
地头开起批判会，
吼声如雷震河山。

燕山高高举铁拳，
白河闪闪舞利剑，
斩断林彪黑魔爪，
彻底砸烂孔家店。

贫下中农好老师，
样样真知教给咱。
要有知识得实践，
多打粮食要大干。

贼林彪，想变天，
鼓吹"天才"把人骗。
识破林彪蝼蛄叫，
立志务农学种田。

抡起镐，挥起锨，
锨镐当枪来作战，
戳穿"变相劳改"论，
"五·七"道路金光闪！

青　雷

文化革命谱新章

文化革命谱新章，
新事一桩接一桩。
干部能"官"又能民，
"五·七"指示放光芒；
村村学唱样板戏，
文工团送戏到山庄；
工农子弟上大学，
城里的姐姐来下乡；
工农兵批判孔老二，
老贫农登台把课讲；
赤脚医生治大病，
大队办起小工厂；
养儿防修为革命，
妇女能把大权掌。
破四旧来立四新，

新人新事新风尚。
文化革命结硕果，
林贼复辟是梦想。
毛泽东思想阳光照，
一代新人在成长！

禾 丰

祖国山河尽朝晖

毛主席，巨手挥，
批林批孔炸春雷。
革命怒涛震四海，
五岳齐把战鼓擂。

历史车轮乘风跃，
革命航船破浪飞，
高歌猛进永向前，
祖国山河尽朝晖！

张德武

大庆工人批林彪

大庆工人批林彪，
革命激情万丈高。
钻机隆隆齐声吼，
手中刹把象大刀。
钻塔高高举红旗，
千里草原怒火烧。
油海滚滚掀怒浪，
骗子叛徒哪里逃？！

王　野

"万人坑"前

工人叔叔盖高楼，
红小兵学工来劳动。
过去这儿是啥地方？
挖出白骨一层层。

休息时，团团坐，
大家一起来追根。
老工人，把言发，
忆苦思甜热泪涌：

"过去这是乱坟岗，
血泪斑斑'万人坑'；
解放后，面貌新，
高楼连成'幸福村'。

"劳动人民翻了身，
阶级敌人不死心。
林彪贩卖'复礼'经，
就是要重演'万人坑'！"

工人叔叔话不多，
声声打动我们心；
劳动现场开大会，
批林批孔炮声隆！

刘　谦

车间摆战场

车间里，机器旁，
大批判，摆战场，
工人叔叔批林、孔，
革命斗志坚如钢。

批"仁爱"，想过去，
阶级仇恨永不忘。
批"天命"，看现在，
幸福全靠共产党。

批判林彪"天才论"，
越批心里越亮堂。
批林批孔反复辟，
学习工人好榜样。

刘金林

工人叔叔前面站

怒火喷，铁拳挥，
红小兵召开批判会：
"砸烂吃人的孔家店，
批臭林彪卖国贼！"

工人叔叔前面站，
后跟红色新一辈；
对准黑线猛开火，
阵阵口号响如雷。

"复礼"和复辟，
都是要倒退。
革命人民齐声讨，
历史不容骗子改！

批林批孔战鼓擂，
吼声直冲云天飞。
革命烈火遍地燃，
"天马"、"圣人"化成灰！

程宏明

家 庭 批 判 会

电灯光，耀眼明，
全家灯下批林、孔。

妈妈是个女司机，
说话就爱打冲锋：
"旧社会，当童工，
吸血鬼骂咱是'命穷'。
受党委托参加工宣队，
进驻大学闹革命。
'劳心者治人'是谬论，
工农兵是文化主人翁！"

爸爸是石油钻探工，
说话象钻头攻地层：
"地主高唱'仁义'经，

逼租逼债害人命；
资本家满嘴讲'仁爱'，
敲骨吸髓比狼凶；
林贼吹捧孔老二，
'克己复礼'做美梦。
批林批孔反复辟，
永保江山万年红！"

小志刚，红小兵，
句句话儿冒火星：
"什么'天命'不'天命'，
全是骗子害人经。
历史车轮不可挡，
碾碎一切害人虫！"

越批心越亮，
灯光分外明；
一句一句象炮弹，
震落窗外满天星！

王承华

小 铅 字

小铅字，
四方方；
一架一架排满房，
工人叔叔捡字忙。
捡字忙，
摆战场；
个个铅字有份量，
当作子弹压枪膛——
对准林彪、孔老二，
批林批孔打胜仗！

小铅字，
闪闪亮，
排字车间歌声扬，
批林批孔跃进忙。

地 头 大 批 判

南风吹，麦子黄，
遍地金浪如海洋。
红小兵，挥银镰，
挽起衣袖收割忙。

小银镰，沙沙响，
割了一行又一行。
汗珠滚，明晃晃，
休息时地头摆战场。

去年产量过"黄河"，
今年全队跨"长江"。
林彪胡说"没发展"，
给他一个大耳光！

乔立兴　宋瑞府

树下声声炮

春风吹柳梢，
战旗呼呼飘，
批林批孔开大会，
树下声声炮。

贫农老队长，
青筋额上暴，
手摸伤疤斥林彪，
层层画皮剥；

"提起旧社会，
胸中怒火烧，
当牛做马二十年，
冤仇满腔恨难消！

"地主钱富贵，
外号鬼老刁，
剥削长工耍手腕，
行的孔孟道。

"念的'仁义'经，
唱的'忠恕'调；
敲咱骨髓喝咱血，
面带三分笑。

"他叫咱'克己'，
'忍'字第一条，
胡说'君子喻于义'，
'福光当头照'。

"叫咱永世做奴隶，
'造反罪难饶'。
什么孔孟道，
全是骗人药！

"救星毛主席，

把咱来领导，
砸碎锁链得解放，
斗争是法宝！

"今日贼林彪，
又搞这一套，
吹捧孔孟耍花招，
复辟旧世道。

"孔丘怎么说，
他就怎么嗥，
想用'中庸'迷人眼，
咱不吃那一套！

"贫农下中农，
最听党的话，
狠批'克己'和'中庸'，
争打头一炮！

"批林又批孔，
伪装全剥掉，

路线斗争永不忘，
誓把江山保！"

听了队长话，
我把决心表：
永远跟着毛主席，
继续革命斗志高！

陈春荣

讨 饭 篮

破竹篮，讨饭篮，
妈妈拿它讲从前……
讲从前，泪涟涟，
阶级仇恨记心间。
春雷响，红旗展，
太阳出来亮了天。
芝麻开花节节高，
咱们生活甜又甜。
吃人豺狼心不死，
林贼妄图把天变。
红小兵，怒火燃，
开展革命大批判；
批林批孔觉悟高，
高举红旗永向前！

王兴艺

铁拳一举怒火起

俺爷爷，七十七，
参加批判真积极。
别看没拿发言稿，
铁拳一举怒火起：

"孔丘和林彪，
一对坏东西；
一个搞'复礼'，
一个要复辟！

"一个要当大'圣人'，
一个想做儿皇帝。
两人做的一样梦，
要拖历史往后退。

"什么'仁'，什么'义'，
全是骗人鬼把戏。
贫下中农跟着党，
革命到底志不移!"

庆 红

老贫农登讲台

老贫农，
王大伯，
仇恨满腔登讲台。

批林彪，
批孔丘，
揪来一个活教材。

狗地主，
刘老才，
借尸还魂搞破坏。

王大伯，
仇似海，
讲台变成批斗台。

红小兵，
跟上来，
阶级斗争记心怀。

反复辟，
向前迈，
誓保江山红万代！

吴 珹

教育革命当闯将

战鼓敲，红旗扬，
批林批孔上战场。
别看咱是"儿童团"，
风口浪尖斗志昂。
发扬"五敢"反黑线，
不要"五分加绵羊"，
狠批"读书做官论"，
教育革命当闯将。

许润泉

师 生 同 战 斗

怒火万丈战鼓擂，
师生同开批判会。
个个争先冲上台，
振臂高呼响炸雷！

孔丘"复礼"开倒车，
林彪复辟搞倒退。
螳臂挡车不自量，
历史车轮拖不回！

孔丘鼓吹"天命论"，
林彪跟着使劲吹。
自比"天马"不知耻，
栽进沙漠变成灰！

师生越批越有劲，
字字有力声声脆。
团结战斗批林、孔，
革命红旗放光辉！

邬 飞

立志农村把根扎

晚饭后，坐灯下，
爸爸首先讲了话：
"雪梅就要毕业了，
谈谈你的打算吧！"
姐姐不等话音落，
叮叮当当把言发：
"批林批孔反黑线，
我们觉悟提高啦！
什么'学而优则仕'，
统统都是讲鬼话。
我们革命好青年，
立志农村把根扎！"
说完掏出申请书，
爸妈乐得连声夸：
批林批孔见行动，
革命路上大步跨！

滕毓旭

批 得 好

踮起脚，
走近瞧，
姐姐在写大字报。

"姐姐、姐姐我知道，
你批孔丘和林彪，
给我念念好不好？"

"孔丘吹，
林彪叫，
说他脑瓜长得好。

"红小兵，
看穿了，
这是一付迷魂药。

"要变天，
搞复辟，
梦想恢复旧世道！

"工农兵，
齐声讨，
对准林贼猛开炮！"

"对对对，
批得好，
林贼叛党罪难饶！"

孔祥益　王浦清

对准黑靶齐开战

小板凳，围一圈，
小朋友们搞批判，
批判林彪、孔老二，
发言句句象炮弹。
先批他们开倒车，
砸烂复辟鬼算盘；
再批"天生好脑瓜"，
不许他们把人骗。
你批我批都来批，
对准黑靶齐开战，
发发炮弹火力猛，
批得骗子原形现！

李云翔

妹妹参加大批判

小妹妹，七岁半，

也要参加大批判。

不会写，不会画，

我问妹妹怎么办？

好妹妹，不开言，

拿起剪刀把纸剪。

先剪一杆红缨枪，

再剪一把大铁铲。

我问剪这干什么？

妹妹挥剪发了言：

"要把林彪、孔老二，

复辟阴谋都戳穿！"

郑家光

大海埋葬鬼妖魔

嘟嘟嘟，
吹海螺，
渔家孩子船头坐。

小铁拳，
紧紧握，
怒潮涌出心窝窝。

批林贼，
批孔丘，
吼声震得云雾破。

反复辟，
战逆流，
大海埋葬鬼妖魔。

兵城

批 判 稿

村头东屋灯光照，
哥俩准备批判稿，
队里明天开大会，
两人都想"开头炮"。
哥哥想出好主意，
弟弟听了直叫好。
翻出奶奶的讨饭篮，
找来爷爷的破棉袄。
明天带它去开会，
这是活的"批判稿"。
看"复礼"是啥货色，
看林彪耍的啥花招。
阴谋投敌搞复辟，
痴心妄想办不到！

李云翔

出 板 报

小画笔，手中拿，
红小兵用它把言发，
批林批孔出板报，
带着仇恨画漫画。

小刚画座破孔庙，
一只铁拳往下砸；
小强画支红战笔，
直戳骗子贼脑瓜。

小军歪头想了想，
画个太阳红又大！
牛鬼蛇神野心狠，
全都暴露在阳光下。

小小板报是战场，
红小兵个个猛冲杀！
幅幅漫画贴满栏，
颗颗红心喷火花。

李云翔

我们就是要"独裁"

什么坏？
豺狼坏，
豺狼没有林彪坏。

贼林彪，
怀鬼胎，
他说我们太"独裁"。

啥目的？
咱明白：
他要篡党夺大权，
把牛鬼蛇神扶上台。

红小兵，
不答应，

对准林贼把炮开。
对待地富反坏右，
我们就是要"独裁"！

王朝阳

戳烂骗子黑心肠

大批判，上战场，
你拿笔，我拿枪，
狠批"复礼"、"天才论"，
横扫"二纲"和"五常"。

字字句句稳准狠，
发发炮弹都炸响，
一针见血剥画皮，
戳烂骗子黑心肠。

刘戈声

红小兵批孔丘

孔老二，
大坏蛋，
散布谬论把人骗。
鼓吹"学而优则仕"，
反对务农学种田。

红小兵，
斗志坚，
揪出孔丘狠批判。
从小学文又学农，
长大当个好社员！

辛一大队
招贤学校创作组

砸烂鬼算盘

孔老二，

假圣贤，

招摇撞骗二千年。

"复周礼"，

"兴灭国"，

想拉历史车轮向后转。

贼林彪，

更奸险，

"克己复礼"挂嘴边。

装笑脸，

放暗箭，

阴谋投敌把天变。

林家铺，

孔家店，
卖的全是"复辟"丸。
红小兵，
举铁拳，
砸烂林、孔的鬼算盘！

陈春荣

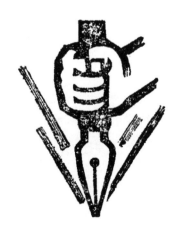

揭穿阴谋战妖风

毛主席，发号令，
红小兵，打冲锋；
批林批孔摆战场，
揭穿阴谋战妖风。

狠批林彪、孔老二，
两个黑瓜一根藤，
顽固维护旧制度，
反对革命罪难容。

再批林、孔大坏蛋，
鼓吹什么"仁"和"忠"，
口蜜腹剑心狠毒，
念的都是骗人经。

三批林、孔大蝗虫，
光吃粮食不劳动，
宣扬读书为做官，
地地道道寄生虫。

林彪一伙反动派，
妄想复辟搞尊孔。
彻底砸烂孔家店，
铁打江山万年红！

郑家光

批臭这伙害人虫

孔老二，
大坏蛋，
削尖脑袋想做官。

孔老二，
办学堂，
贩卖"读书做官"坏思想。

孔老二，
讲"仁义"，
垂死挣扎复"周礼"。

孔老二，
搞复辟，
林贼和他一样的。

红小兵，
心儿明，
个个都来批林、孔。

批林贼，
批孔丘，
批臭这伙害人虫！

王朝阳

痛 打 落 水 狗

孔家店，林家铺，

两家本来是一户。

孔丘是祖师爷，

林彪是信徒。

孔丘要"复礼"，

林彪讲"忠恕"。

当面说假话，

背后搞阴谋；

唱的一个调，

走的一条路，

人死魂不散，

必须肃流毒。

全国人民齐动员，

来个彻底大扫除。

口诛笔伐上战场，

齐心痛打落水狗。

丁奇璋

革命红花开万代

狗林彪，坏坏坏，
梦想复辟把国卖，
放暗箭，称"天才"，
抬出孔丘当王牌。

孔老二，坏坏坏，
人面兽心大妖怪！
叫嚷"复礼"施"仁政"，
心黑手狠把人害。

红小兵，志豪迈，
党的教导记心怀，
真假马列分得清，
封资修黑货脚下踩。

千钧棒，举起来，
把林、孔揪上审判台，
扫妖雾，肃流毒，
革命红花开万代！

程宏明

历史潮流不可挡

红小兵，斗志昂，
大批判中当闯将。
猛烈进攻稳准狠，
批得林彪无处藏！

林彪逃向莫斯科，
半道爆炸见閻王。
苏修主子好难过，
烂泥塘中哭儿皇！

哭儿皇，叫儿皇，
暴露他们的黑心肠。
利用林彪搞颠覆，
真是痴心加妄想！

新沙皇，哭儿皇，
同样没有好下场；
革命人民向前进，
历史潮流不可挡！

陈春荣

叫它遗臭万万年

孔丘死了两千年，
至今阴魂还不散。
蒋匪盘踞台湾省，
为他招魂建"宝殿"；
国内地富反坏右，
把他捧作大"圣贤"；
林彪为了搞复辟，
抬出孔丘把人骗。
革命主力工农兵，
早把阴谋全看穿，
痛打孔丘"丧家狗"，
叫它遗臭万万年！

丁奇璋

新沙皇怪事多

新沙皇，怪事多，
把孔丘请到莫斯科。
敲洋鼓，奏西乐，
借尸还魂舞群魔。
又登报，又广播，
为他到处作演说。
说怪事，也不怪，
他们本是一路货。
搞复辟，开倒车，
阴谋早已被识破。
革命人民挥铁拳，
送他们一起见阎罗。

吴 瑊

七亿双铁拳够它尝

老沙皇，
新沙皇，
都是一窝野心狠。

野心狠，
坏心肠，
想把中国当肉尝。

搞颠覆，
要扩张，
超级间谍见阎王。

新中国，
不可欺，
这块肥肉硬邦邦。

甭做梦，

休妄想，

蚍蜉撼树不自量。

野心狼，

敢发狂，

七亿双铁拳够它尝！

刘育贤

书　　号：10019·2162

定　价：　0.19元

《文革史料叢刊》 李正中 輯編
古月齋叢書3-8

文革史料叢刊 內容簡介

　　至今中國大陸對於文化大革命仍有極大的爭議，官方和自由派認為文革是錯誤的，自由派甚至認為毛澤東要對此負責。極左派仍支持文革的正當性，認為走資派鄧小平篡奪黨和國家，建立修正主義國家。文革最大的貢獻，就是它本身的失敗，透過失敗破解中國的改革文明進程，也引起我們對整個人類歷史更深遠的思索。

　　本書輯編李正中是一位歷史研究者，也是文革受難者，他以史學家角度鉅細靡遺地蒐集整理文革遺物，舉凡手寫稿、油印品，鉛印文字、照片、繪畫，傳單、小報、造反隊的隊旗、臂標等等。歷時數十年歲月蒐集的內容包羅萬象，以供來者深入研究這一段歷史。

　　「無史料，即無歷史」。史料可分為有意史料與無意史料兩類者，本叢刊為無意史料，都是文革之時不知不覺之中，所留下來的直接史料，更具有學術研究的意義。有了充分的史料，自然會有高明之士運用其正確的史觀深入研究，而有所造就。臺灣蘭臺出版社以服務學術界為原則，不以營利為目的，目前已出版至第六輯，希望有利於文革及其相關的研究。

蘭臺出版社書訊　文革史料叢刊（第一輯－第六輯）

第一輯共六冊，圓背精裝
ISBN：978-986-5633-03-5

第一冊	頁數：758
第二冊	頁數：514
第三冊	頁數：474
第四冊	頁數：542
第五冊	頁數：434
第六冊	頁數：566

第一冊：最高指示及中央首長關於文化大革命講話

第二冊：批判劉少奇與鄧小平罪行大字報選編

第三冊：劉少奇與鄧小平反動言論彙編

第四冊：反黨篡軍野心家罪惡史選編

第五冊：文藝戰線上兩條路線鬥爭大事紀

第六冊：文革紅衛兵報紙選編

古月齋叢書 3 定價30000元(再版)

第二輯共五冊，圓背精裝
ISBN：978-986-5633-30-1

第一冊	頁數：188
第二冊(一)	頁數：416
第二冊(二)	頁數：414
第二冊(三)	頁數：434
第三冊	頁數：470

第一冊：文件類

（一）中共中央文

（二）地方文件 6

第二冊：文論類（

第二冊：文論類（

第二冊：文論類（

第三冊：講話類

古月齋叢書 4 定價 20000元

第三輯共五冊，圓背精裝
ISBN：978-986-5633-48-6

第一冊	頁數：239
第二冊	頁數：284
第三冊	頁數：372
第四冊（一）	頁數：368
第四冊（二）	頁數：336

9 789865 633486　25000

古月齋叢書 5　定價 25000元

第一冊：大事記類

第二冊：會議材料類

第三冊：通訊類

第四冊（一）：雜誌、簡報類

第四冊（二）：雜誌、簡報類

第四輯共五冊，圓背精裝
ISBN：978-986-5633-50-9

第一冊	頁數：308
第二冊（一）	頁數：456
第二冊（二）	頁數：424
第三冊（一）	頁數：408
第三冊（二）	頁數：440

9 789865 633509　35000

古月齋叢書 6　定價 35000元

第一冊：參考資料、報紙類

第二冊（一）：戰報類

第二冊（二）：戰報類

第三冊（一）：大批判、大學報集

第三冊（二）：大批判、大學報集

第五輯共五冊，圓背精裝
ISBN：978-986-5633-54-7

第一冊	頁數：468
第二冊	頁數：518
第三冊	頁數：428
第四冊	頁數：452
第五冊	頁數：466

9 789865 633547　30000

古月齋叢書 7　定價 30000元

第一冊－第五冊：

大批判、大學報集

第六輯共五冊，圓背精裝
ISBN：978-986-5633-59-2

第一冊	頁數：460
第二冊（一）	頁數：422
第二冊（二）	頁數：382
第三冊（一）	頁數：311
第三冊（二）	頁數：389

9 789865 633592　30000

古月齋叢書8　定價：30000元

第一冊-第五冊：

劇本、歌曲集

購書方式
書款請匯入：

銀行

戶名：蘭臺網路出版商務有限公司

土地銀行營業部（銀行代號005）

帳號：041-001-173756

劃撥帳號

戶名：蘭臺出版社

帳號：18995335

100 台北市中正區重慶南路1段121號8樓之14

TEL：（8862）2331-1675 FAX：（8862）2382-6225

E-mail：books5w@gmail.com

網址：http://bookstv.com.tw/